PARTIE INÉDITE

DES

CHRONIQUES

DE SAINT-DENIS

PARIS. — IMPRIMERIE DE CH. LAHURE
Rue de Fleurus, 9

PARTIE INÉDITE
DES
CHRONIQUES
DE SAINT-DENIS

SUIVIE D'UN RÉCIT ÉGALEMENT INÉDIT DE LA CAMPAGNE
DE FLANDRES EN 1382
ET D'UN
POÈME SUR LES JOUTES DE SAINT-INGLEBERT (1390)

A PARIS
DE L'IMPRIMERIE DE CH. LAHURE

MDCCCLXIV

AVERTISSEMENT.

Dans le cours des recherches que j'ai faites pendant plusieurs années dans les registres du Trésor des Chartes et ceux du Parlement, pour mon édition du *Trésor de venerie*, j'avois rencontré plusieurs particularités curieuses sur la sédition des Maillets, en 1381, et sur l'histoire et l'administration de Paris à la même époque. Par suite, j'avois conçu le désir de faire un mémoire sur ce sujet, et il m'avoit paru nécessaire de lire toutes les chroniques existant dans nos dépôts publics et qui racontoient ces tristes événemens. Ce fut dans l'exécution de ce travail que je rencontrai trois manuscrits des *Chroniques de Saint-Denis*, donnant une suite de la précieuse partie de ces chroniques, que M. Lacabane a démontré être l'œuvre de Pierre d'Orgemont.

Cette suite avoit échappé à mon excellent ami M. Paulin Paris, et il l'auroit assurément mieux publiée que moi, mais il a voulu me laisser ce soin, et l'honneur d'attacher mon nom, bien au bas du sien et pour une parcelle, à la publication des *Chroniques de Saint-Denis*.

Que cette suite soit aussi de Pierre d'Orgemont, c'est ce qui ne peut être douteux. Outre que la phrase finale de l'édition de M. Paris, incomplète dans les manuscrits qu'il avoit sous les yeux, est terminée dans ceux que j'ai vus [1], c'est bien le même style d'homme *élevé aux grandes affaires*, comme le dit Montaigne, c'est surtout la même exactitude, le même caractère officiel, la même sûreté de chronologie; on sent l'historien qui écrit au centre du gouvernement et avec les pièces sous les yeux [2].

J'ai joint à ce document historique un chapitre d'une chronique picarde très-singulière, qui, pour les époques reculées, est une sorte de roman de chevalerie ou historique, puisqu'on y fait le roi d'Angleterre, l'empereur d'Allemagne, le roi de Portugal et le *Bougre d'Avignon* prisonniers de Philippe-Auguste : mais elle donne sur la guerre de Flandre et surtout sur la prise du pont de Commines [3], des détails qui, loin d'être romanesques, paroissent très-précis et très-exacts. Ce chapitre sera utile aux futurs éditeurs de Froissart pour contrôler le récit de cet historien qui

1. 5027. Supp., fr. 3084 et Saint-Victor, 48.

2. Voir la reddition de Bruges, p. 18, et surtout la scène du 1er mars 1382-3, où il oublie qu'il raconte et parle au présent comme le roi dans la charte.

3. Pierre d'Orgemont étoit auprès du roi, ou a tenu ses renseignements de quelqu'un qui étoit auprès de ce prince. Il n'a donc pas donné de détails sur ce fait capital de la campagne de Flandre, qui fut exclusivement l'œuvre de l'avant-garde.

fait jouer dans cette affaire un rôle si extraordinaire, pour ne pas dire ridicule, au connétable de Clisson[1].

Il servira aussi, avec nos excellentes chroniques de Pierre d'Orgemont, à faire justice des prétentions flamandes sur la bataille de Rosebecque et toute la campagne de 1382. On y verra que si les Flamands se battirent très-bien au pont de Commines, ils ne se défendirent pas longtemps à Rosebecque, et que l'oriflamme qu'ils prétendirent, longtemps après et contre toute vraisemblance, avoir prise à cette bataille, fut rapportée par le roi à Saint-Denis, le 9 janvier 1382-3, et prise de nouveau dans cette église le 2 août 1383.

Il en est de même de cette prétention des Flamands d'avoir tellement effrayé Charles VI[2], qu'il auroit conçu à Rosebecque les germes de sa fatale ma-

1. Clisson envoie (*le maréchal* de Saucerre !) *voir que c'est et quelle chose ils font*. Le maréchal ne revient pas, et Clisson envoie encore le sire de Rieux voir que *ce peut être et si les gens passent si uniment comme on dit*. Dans la chronique 1536, au contraire, c'est Clisson lui-même qui fait venir des bateaux, et à la précision du récit il semble bien que l'auteur étoit présent.

Froissart se trompe également quand il dit que le comte de Flandre envoya 6000 hommes, qui arrivèrent après que tout fut fini. Ses gens avoient, au contraire, pris le pont et l'avoient reperdu (voir p. 13 et 51). L'histoire des trois habitants d'Ypres décapités (page 17) montre aussi que malheureusement le comte de Flandres n'étoit pas sans influence, comme il le dit.

2. Voir le Mémoire d'ailleurs très-intéressant de M. le baron de Saint-Genois, inséré dans le Messager de Gand de 1840. La chronique de M. Van Meldert, citée par lui comme mettant la journée de Rosebecque au 29 novembre, se dément elle-même, car elle dit le « joedi 29, » et le jeudi était le 27 et non le 29. On regrette également de voir dans ce travail estropier des noms aussi connus que ceux du Bègue de Villaines, de Mauny, de Guy le Baveux, du maréchal de Saucerre.

ladie. Rien n'autorise à penser que Charles VI ait manqué de courage; et d'ailleurs un roi lâche est encore à trouver dans notre histoire. Guillaume Fillastre, qui n'a écrit que vers 1450, mais qui, par sa position à la cour de Bourgogne, avoit appris sur cette époque beaucoup de choses curieuses qu'il a consignées dans sa *Toison d'or*, nous dit que *plus on arguoit à Charles VI la sévérité des Flamens qui ne mettoient différence d'un roi à un savetier, s'il tomboit dans leurs mains, de tant plus s'embrasoit son courage.* D'ailleurs nous voyons le Roi toujours au milieu de son armée. Quand Pierre d'Orgemont nous dit que toute cette journée le roi *demeura en son logis*, cela signifie qu'il coucha sur le champ de bataille, puisque précédemment il dit que le roi et ses gens *approchèrent les Flamands.* Non pas que je prétende que le roi, âgé de quatorze ans alors, ait mis lui-même l'épée à la main, mais il est clair qu'entouré de vaillans chevaliers dont le manuscrit 1536 nous a transmis les noms, il étoit sur le lieu même du combat.

Il est à regretter que M. le baron de Lettenhove, à qui nous sommes redevables de bons travaux sur le quatorzième siècle, ait adopté et exagéré dans son Histoire de Flandre les prétentions que je viens de combattre. Que les François aient commis des excès en Flandre, c'est ce qui est malheureusement très-possible et c'est là encore aujourd'hui un des résultats ordinaires de la guerre; mais ériger le roi Charles VI en trembleur, dire que ce prince qui gouverna si bien la France et, pour tout dire, d'une manière digne de son père de 1388 à 1392, alors que parvenu à l'âge de raison il se débarrassa de ses oncles; dire que ce prince étoit déjà devenu fou[1] de frayeur en 1382; n'avoir aucune parole de blâme pour Artevelde, appelant les Anglois en Flandre et trouver mauvais[2] que le comte réclamât les secours de son seigneur suzerain et par conséquent d'un compatriote; qualifier de trahison[3] la conduite des chevaliers flamands servant sous la bannière du roi, suzerain de Flandre; éplucher à tort ou à raison la noblesse des chevaliers[4] qui combattoient en Flandre, comme si ce n'étoit pas un titre de gloire pour nos rois d'avoir constamment élevé et appelé à eux les gens de mérite, quelle que fût leur extraction; donner à entendre que si l'oriflamme se retrouva en France postérieurement à Rosebecque, c'est parce que les François apportèrent seulement je ne sais quelle oriflamme postiche[5] qui au-

1. Sa raison, déjà chancelante, avoit éprouvé à la vue du massacre de Rosebecque une émotion profonde, qui s'étoit bientôt transformée en *délire frénétique*. P. 511.

2. Page 492.

3. Page 505.

4. Page 490. C'est surtout Antoine Flotte que M. de Lettenhove a en vue. Or, ce chevalier de *noblesse douteuse* avoit pour aïeul un amiral de France et pour bisaïeul et trisaïeul deux chanceliers, et de plus mourut bravement sous le drapeau de son roi.

5. P. 505. M. le baron de L. se fonde, par assimilation, sur un passage de la *branche des royaux lignages*, dont l'auteur prétend qu'Anseau de Chevreuse portoit à Mons en Pevèle une oriflamme pareille

A cele, se le voir esgarde,
Que l'abbé de Saint-Denis garde.

roit été prise (à quel moment ? apparemment quand ils reculèrent *d'un pas et demi?*); dire que le roi offrit *par crainte* des conditions avantageuses à Ypres quand, au contraire, cette ville se rendit sans conditions et livra ses chefs; prétendre qu'au retour de Flandre tous les habitans de Paris, quel que fut leur rang, furent réduits à une affreuse misère[1], c'est, je le dis à regret, pécher non-seulement contre la critique, mais encore contre l'équité.

1. Le récit des événemens dont Paris fut le théâtre pendant l'absence du roi (récit appuyé sur pièces), se trouvera dans mon mémoire encore inédit sur les *Maillets*. En attendant, je puis dire que dans les réunions qui eurent lieu le 15 août 1382 au dîner de la confrérie de Notre-Dame de Boulogne, à Saint-Jacques de l'Hôpital; — à Montmartre, en septembre; — le 1er octobre, à Saint-Sulpice (où fut déployé un étendard portant un dragon); — à Saint-Éloi, à Saint-Julien-le-Pauvre, il ne fut manifesté que deux sentimens : 1° l'opposition la plus vive aux impositions (impôts indirects — on demandoit de préférence une taille); 2° le secours et la garantie réciproques contre toute arrestation, tout supplice, de ceux qui prendroient part à cette opposition. Il n'est fait aucune mention d'entente et de correspondance avec les Flamands. Et je dirai même que s'il est vrai qu'on trouva à Courtray et au Mont d'Ypres des lettres des Parisiens favorables aux Flamands, ces lettres n'ont pu être qu'individuelles. La ville de Paris, comme ville, ne pouvoit traiter, écrire ou être représentée que par son prévôt des marchands et ses échevins. Or, pendant tout ce temps, Jean de Fleury, personnage très-sage et très-dévoué au roi et dont la faveur ne souffrit en rien au retour de Flandre, ne cessa pas d'être prévôt des marchands et par conséquent de représenter la ville, et assurément, s'il eût été convaincu d'intelligence avec les Flamands, il n'eût pas été épargné. Comment, d'ailleurs, un fait aussi grave que celui de connivence avec des gens armés contre le roi auroit-il été passé sous silence dans les lettres du 27 janvier où sont énumérés des griefs d'une bien moindre importance, tels que celui du mauvais exemple donné à d'autres villes de France? Comment n'en trouve-t-on point de traces dans les quarante-sept pièces du Trésor des Chartes, relatives à ces événemens?

Quant à ce qui se passa au retour de Flandre, je ne vois pas qu'il ait été porté d'autre peine générale contre la ville de Paris que la suppression de certaines franchises municipales, et le rétablissement des impo-

A Dieu ne plaise, au reste, que je blâme en général le patriotisme local; nous devons à ce bon et pieux sentiment trop d'excellens ouvrages, trop de recherches utiles, pour que ma sympathie de bibliophile lui fasse défaut; mais le désir de glorifier son pays ne doit pas conduire jusqu'à l'injustice.

Les récits de cette campagne, recueillis par les Flamands, ne donnent pas de détails sur cette femme courageuse qui combattit contre les François au pont de

sitions. La ville paya peu après et à l'occasion de l'expédition de Bourbourg une taille de 4000 francs, comme elle en payoit ordinairement dans de certaines occasions. (T. des ch. 1389.)

La cour ne sévit (avec rigueur j'en conviens) que contre des personnes convaincues ou accusées (ce qui n'est pas la même chose) d'avoir pris part à des délibérations hostiles à l'autorité du roi, telles qu'excitation à l'émeute, à la fermeture des portes, etc. Des sommes considérables furent fournies par les confiscations des biens des personnes exécutées, par des taxes et par des compositions amiables payées par de riches bourgeois compromis, mais je crois que les oncles du roi et leurs favoris en profitèrent plus que les caisses de l'État. Ajoutons que si l'on accepte les noms donnés par le religieux de Saint-Denis comme ceux de personnes notables faisant partie des trois cents bourgeois arrêtés, on remarque que sur sept noms donnés par lui, il y en a quatre de gens qui rétablirent promptement leurs affaires: 1° Guillaume de Sens, président au Parlement, fut, en 1388, premier président; 2° Martin Double étoit avocat du roi au Châtelet au mois d'août 1386; 3° Jean Noble, riche épicier, fournissoit la cour en 1396; 4° Jean Filleul resta notaire au Châtelet.

Le religieux de Saint-Denis évalue à plus de cent le nombre des bourgeois exécutés, et d'après les chiffres partiels donnés par nos chroniques et leur manière de parler, il semble que le chiffre des exécutions peut être évalué, en effet, à quatre-vingts ou cent et c'est assurément beaucoup trop, surtout si l'on considère que la vengeance de l'autorité du roi servit souvent de prétexte à des vengeances particulières (Affaires *Soulas-Chauvoisy et Allegrin-La Trémouille*), et que la ligne de démarcation à établir entre les bourgeois qui coopéroient aux réunions dans de mauvaises intentions et ceux qui, comme Jean de Fleury, s'y rendoient pour calmer les esprits, étoit difficile à établir et à respecter dans de pareilles circonstances.

Commines. La chronique de Cousinot dit qu'elle étoit *de vie mains honneste* et qu'elle s'appeloit Marie Jetrud : la chronique 1536 la nomme Marie *Trisse* et la qualifie de femme de *malvaise vie*. Mais quand on se rappelle que notre grande et sainte Jeanne d'Arc a été qualifiée avec à peu près autant de mépris par l'auteur du *Journal* dit *d'un bourgeois de Paris*, qu'après avoir été indignement insultée par Voltaire, cette héroïne a été interprétée au point de vue médical par ces esprits forts qui croient tout juste que deux et deux font quatre, et qui vont demander à la chair des explications que leur cœur devroit seul leur fournir, nous pouvons bien penser que Marie Jetrud ou Trisse a été calomniée, et qu'elle étoit simplement une femme dévouée à la cause d'Artevelde.

Je donne encore ici un poëme, très-mal versifié, j'en conviens, sur la joute de Saint-Inglebert, entre Calais et Ardres, mais qui fournit sur cet événement si honorable pour trois chevaliers françois des détails très-circonstanciés. Les amateurs anglois y trouveront aussi bien des noms qui ont marqué à cette époque.

Froissart et l'auteur anonyme de la *Vie de Boucicaut* ont parlé de cette joute avec détails, mais pas aussi complétement que ce poëme, qui pourroit bien être du même auteur que la chronique. Une pièce du Cabinet généalogique et une autre citée par Thomas Carte dans ses *Rôles gascons* et *normans* établiroient d'ailleurs la réalité de cette *emprise* si l'on pouvoit supposer qu'un récit aussi détaillé a pu être inventé.

Ainsi, le 29 août 1390[1], le roi donna 2000" d'or à ses amez et féaux chevaliers et chambellans le sire de Sempy, Renault de Roie, Jean Le Maingre, dit Boucicault, *pour eux ordener et abiller pour aller vers Calais accomplir certaine emprise par eulx faite contre les Anglois*, tandis que le 9 mars 1389-90 le roi d'Angleterre, à la demande de Jean de Beaumont, Thomas de Clifford et Pierre de Courtenay, chevaliers, accordoit un sauf-conduit à Regnault de Roye, Bouciquaut[2], et le sire de Sempy, chevaliers, venant dans la Marche, entre Calais et Boulogne, pour exécuter un fait d'armes.

Boucicaut a été l'objet d'un panégyrique spécial plusieurs fois imprimé[3]. Regnault de Roye[4] a un article dans le père Anselme. Seul de ces trois brillans chevaliers le sire de Sempi, ou Saint-Py, n'a nulle

1. Cette lettre n'a fait sans doute que sanctionner un don promis antérieurement; car il me paroît certain, et par le poëme et par le sauf-conduit, que la joute commença bien le 20 mars 1390.

2. La pièce ajoute *le Misne;* est-ce pour le *misné*, le *maisné*, le jeune, ou cela signifie-t-il le Maingre?

3. En revanche il a été assez maltraité par l'auteur de la chronique 10 297, attribuée par M. Vallet de Viriville à Cousinot.

4. Il étoit le quatrième fils de Mathieu de Roye, dit le Flament, et de Jeanne de Chérisy. Il fut chambellan du roi, seigneur de Milly, près Clermont, de Junquières, Chanat, Brunatel, etc. Il servoit en 1383 en Flandre avec cinq chevaliers et quarante-quatre écuyers ; en Espagne, en 1386, avec 800 hommes d'armes, etc., et mourut à Nicopolis en 1396. Son sceau est écartelé au 1er et 4 d'une bande (de gueules en champ d'or), et au 3 et 4 d'une fasce. Il avoit épousé Isabelle de Ferrières, dont il eut un fils, Jean, mort sans postérité.

part d'article biographique. Je vais suppléer autant que je le pourrai[1] à cet oubli des historiens.

Jean, sire de Sempy, issu d'une famille picard dont les armes étoient d'argent au lion de sable armé et lampassé de gueules, étoit, en 1370, capitaine d'Artois. En 1371 et 1374 il servoit en Picardie, sous Hugues de Chastillon, grand maistre des arbalestriers. En 1374 il est dit avoir été naguères capitaine de Limousin, et commandoit alors 200 hommes d'armes[2]. Nous le voyons, à l'époque dont notre chronique donne l'histoire, servant très-brillamment et très-utilement en Flandre; chambellan du roi en 1383 et peut-être antérieurement, il fut un des réformateurs de Picardie, et le roi lui donna, par lettres datées de Beauté-sur-Marne le 15 janvier 1383-4, 2000 fr. d'or pour récompense de ses travaux comme réformateur, de ses services à l'expédition de Bourbourg, et pour les dépenses qu'il faisoit à fortifier Gravelines[3]; il reçut encore, le 13 août 1386, 1500 fr. d'or pour argent déboursé par lui à ces mêmes fortifications. Enfin il fut, en 1385, un des ambassadeurs envoyés par le roi à Calais pour traiter de la paix, et reçut avec ses collègues un sauf-conduit du roi d'Angleterre, le 11 avril 1385. (Carte, p. 148.) Il faisoit partie de l'armée rassemblée à l'Ecluse, en 1385 et 1386, pour

1. Malheureusement je ne m'occupois pas du sire de Sempy lorsque j'ai fait mes recherches si considérables sur quelques personnages du quatorzième siècle.

2. Montres 34, 37, 39 et 44, de la collection de Camps.

3. Pièce du cabinet généalogique.

passer en Angleterre, et reçut 10 queues de vin le 27 septembre 1385. En 1389 il reçut un nouveau don de 500 fr., à prendre sur la régale de l'archevêché de Rouen.

Il y avoit à ces mêmes époques (1384) un autre Jean de Sempy, écuyer, échanson du roi, qui étoit assurément son parent; mais Jean, sire de Sempy, mourut avant 1398 et ne laissa pas d'enfans, car dans le compte de Charles Poupart du 1er octobre 1398, à la fin de 1400, on voit citer, en 1398, Robert, seigneur de Sempy, frère et héritier du feu seigneur de Sempy[1]. Ce dernier a pu être père de Colinet de Sempy, chevalier qui servoit à Paris, en 1410, sous le duc de Guyenne, avec deux autres chevaliers, quatorze écuyers et treize archers.

Quant au chevalier *noble et courtois* qui présidoit le tournois pour la France, j'ai eu tort de penser et de dire dans la note 1, page 77, qu'il étoit peut-être le même que Jean de la Personne, vicomte d'Acy. Lancelot de la Personne est un personnage tout différent. Il étoit beaucoup moins illustre, car le volumineux dossier de cette maison au cabinet généalogique ne contient aucune pièce relative à lui, et il n'est pas nommé dans le P. Anselme. J'ai seulement vu dans dom Villevieille qu'il fut établi châtelain du château de la Montoire (dans les environs de Saint-Omer?)

1. Gaignières, 772 [1].

vers l'ascension de l'année 1384; qu'il avoit épousé, en 1383 ou avant, Blanche de Flammermont, laquelle étoit veuve de lui en 1396[1].

Le baron JÉRÔME PICHON

De la Société des Bibliophiles françois.

1. Je crois que Georges de la Personne, qui épousa en 1418 Isabelle de Ruansart, étoit leur fils, car on le voit, en 1423, rendre hommage au château de Hesdin de la terre du Fresnoy, qui avoit appartenu à Blanche de Flammermont.

PARTIE INÉDITE

DES CHRONIQUES

DE SAINT-DENIS.

Si eust ledit duc d'Anjou advis et delibération avec le roy, avec les seigneurs de son sanc qui estoient à la cour et avec pluseurs sages tant prélas comme autres sur ce qu'il avoit à faire de ce que le pape lui avoit mandé, et finablement lui fust conseillié qu'il alast à Avignon devers le pape et, selon ceu qu'il trouveroit en lui, si se ordenast; et pour celle cause ala à Avignon. Et après pluseurs traittiés qu'il ot aveques le pape et les cardinaulx, il, en plain consistoire, à huis ouvers, devant grant foison de pueple qui y estoit, il se détermina d'aler oudit voyage et le jura et promist ainsi faire en la présence du pape, des cardinaulx et de tout le pueple qui y estoit présent. Et fut fait le 1er jour de mars 1381 selon l'usage de France[1].

Item, icellui premier jour de mars qui fut jour de samedi, fut à Paris une grant esmeute du pueple de

1. Ou 1382 à l'usage d'Avignon où l'année commençait au 1er janvier.

la ville contre aulcuns, par especial contre ceulx qui s'estoient mellés du fait des aides ou temps passé, tant fermiers comme autres et en tuèrent aucuns, et aucunes maisons depecièrent[1] : prindrent, ravirent et emportèrent biens, effondrèrent vin, et firent pluseurs autres maulx et dommages; et la cause de l'esmeute s'ensuit.

Il est vray que après ce que les aides courans en France en la vie du roy Charles derrenierement trespassé furent abatues et mises jus après la mort dudit roy, comme dit est, pour ce que le roy ne se povoit gouverner sans aide de son pueple tant pour le fait de sa guerre comme pour son estat soustenir, par pluseurs fois il fist appeler par devant lui les gens de l'église, nobles et gens de bonnes villes, et leur fist requérir aide convenable pour les frais dessusdis; lesquelx après pluseurs délibérations lui octroièrent faire aide, par provinces, de certaines sommes de monnoie; et les uns ordenèrent[2] ceu qu'ils avoient promis en certaines manières et les autres en autres manières. Et toutes voies ne souffisoient point les voies esleues pour lever les sommes qu'ils avoient promises. Si fut advisé par les plus sages que pour avoir aide souffisant, à mains de charge de pueple, estoient les aides communes plus convenables, comme sont impositions et gabelles. Si se accordèrent pluseurs et fut advisé que on mettroit sus l'imposition de 12 d. par livre sur toutes denrées et xx frans sur chascun muy de sel pour gabelle, et que on mettroit ces aides sus, le premier jour de mars dessusdit. Et pour ce furent criées à Paris et ordené qu'elles fussent mises à fuer[3]. Et ledit

1. Var. *abatirent*. — 2. Var. aj. *de lever*. — 3. Mises à prix et adjugées.

premier jour de mars, pour ce que on les voult commencier à lever ès halles de Paris, s'esmut le pueple et fist ceu que dessus est dit. En oultre ils alèrent en une maison assise en Grève appellée la maison de la ville, en laquelle avoit bien ij^{m} maillès de plomb qui avoient esté fais longtemps par devant par l'ordenance de Mess. Hugues Aubriot lors prévost et cappitaine de Paris pour envoïer au connestable de France qui lors estoit, pour une chevauchée qu'il faisoit contre les Anglois, et ilz n'y furent pas envoïez et pour ce furent mis en lad. maison en garde et depost. Lesquelx maillez ceulx de Paris prindrent et alèrent en chastellet et froissèrent et rompirent les huis de laiens, et délivrèrent tous les prisonniers qui estoient dedens pour quelque cas qu'ilz fussent emprisonnez. Et après alèrent en la court de l'évesque de Paris et rompirent toutes les prisons et délivrèrent tous les prisonniers, comme ils avoient fait en chastellet, et ceulx mesmes qui estoient en oubliete. Et pour ce qu'il y en avoit aucuns si malades et en si petit point qu'ilz ne povoient aler, ilz les portèrent en l'église Notre dame de Paris les uns, et les autres en l'ostel-Dieu, et aussi délivrèrent Messire Hugues Aubriot et le firent monter sur un petit cheval[1] et le menèrent en son hostel et en vouldrent faire leur cappitaine, mais il ne le voult pas. Et se tindrent en leur fureur l'endemain toute jour et lors estoit le Roy au bois de Vincennes et alèrent vers luy ceulx qui porent partir de Paris et aucuns de ses officiers aussi.

Item, la sepmaine ensuivant, l'evesque, l'université

1. Var. *un cheval blanc.*

de Paris et grant quantité des collèges d'icelle ville furent par devers le Roy audit bois et lui supplièrent comment il voulsist quitter et pardonner à ceulx de Paris qui avoient fait les choses dessusdites, lequel après requestes et supplications à lui faites par plusieurs fois leur pardonna parmi ce que quarante, telx comme lui sembleroit, seroient exécutés et mis à mort pour la cause dessusdite. Et pour celle cause en furent pluseurs prins et mis en chastellet, mais il n'en y ot que xiii ou xiiii éxécutez pour ce que le commun de lad. ville s'esmut de rechef pour ladite exécution.

Si demourèrent les choses en tel estat jusques au xviie jour dudit mois de mars, que le roy se parti du bois[1] pour aler à Rouan, pour ce que en lad. ville de Rouan avoit eu une semblable esmeute de pueple d'icelle ville et pour la cause que avoit esté à Paris. Et le samedy xxixe jour dudit mois de mars l'an dessusdit, veille de Pasques flouries, environ disner, entra[2] le Roy en lad. ville de Rouan. Mais avant ceu qu'il y entrast, ce jour mesmes, entre prime et tierce avoient esté faites les choses qui s'ensuivent. Premièrement six des plus coupables de la commotion faite en lad. ville furent prins et mis en la main du roy et fut le batant de la cloche de la ville prins et osté par les gens du roy et porté en son chastel[3]. Item furent, par le commandement du roy fait solemnelment, toutes les armeures et harnois de lad. ville et aussi toutes les chaynes portées oudit chastel. Item fut abatue la porte de lad. ville par devers Ste Katerine,

1. De Vincennes. — 2. Var. *le roy ala devant*. — 3. Var. hostel.

nommée la porte de Marteinville, par les gens de lad. ville. Et ces choses accomplies, le Roy, à l'eure dessusdite, entra en lad. ville de Rouan comme dit est par lad. porte abatue et y fut receu à grant joie et en grant révérence, humilité et obéissance.

Et quant le Roy ot demouré par aucuns jours à Rouan, il s'en retourna en France, mais pour ce que ceulx de Paris n'estoient pas encore appaisiez ne en telle obéissance vers le Roy comme ils deussent, il n'ala pas en lad. ville de Paris, jàsoit ce que ceulx d'icelle ville le requerissent à grant instance, mais ala à Compiengne, à Meaux et à Melun.

Et par tout le temps dessusdit estoit ledit duc d'Anjou en Avignon et le duc de Berry en Languedoc, là où il trouvoit petite obéissance des habitants des bonnes villes et aussi par cellui temps dura la riote, guerre et débat entre le comte de Flandres et ceulx de Gand et y ot des batailles entre leurs gens aucune fois pour l'une des parties et l'autre fois pour l'autre, et se retraït le conte à Bruges qui se tenoit de sa partie et aussi faisoient ceulx du pays du Franc. Et en cellui estat demoura jusques au tiers jour de may 1382 à laquelle journée s'esmurent ceulx de Gand et alèrent vers Bruges là où ledit conte estoit. Et quant ledit conte sceut leur venue, cuidant que tous ceulx de Bruges lui fussent bons et loyaux, fist armer les gens d'armes estans avecques lui et ceulx de lad. ville de Bruges et yssi de la dite ville pour aler combatre contre les dessusdiz de Gand qui avoient cappitaine un appellé Philippe Artevelle. Et quant ledit conte cuida soy combatre aveques ceulx qui estoient issus de Bruges avec lui contre les dessusdis de Gand, une grant partie de ceulx de lad. ville de Bruges se tournèrent contre lui et se mistrent en l'aide de ses ennemis. Si convint que ledit conte se retraïst à Bruges et ledit Artevelle et ceulx de sa compaignie le suirent et entrèrent en lad. ville de Bruges, en laquelle ils tuèrent pluseurs des habitans d'icelle et aussi pillèrent et robèrent les biens à leur volunté et par espécial tous les biens qu'ilz trouvèrent en l'ostel dudit conte et en envoïèrent grant foison en lad. ville de Gand. Et ledit conte se sauva et se parti de ladite ville et se retray en la ville de Lisle. Et quant ceulx de Gand orent fait tout leur plaisir en lad. ville de Bruges, ils se partirent et emmenèrent aveques eulx des gens de lad. ville de Bruges tant et telx comme bon leur sembla pour hostages, et s'alèrent mettre à siège devant la ville de Audenarde, laquelle se tenoit pour ledit conte et en laquelle estoient pluseurs gens d'armes que ledit conte y avoit envoïez.

Item, oudit mois de may le Roy ala à Saint-Denys [1] à l'enterrage de la comtesse d'Arthois, mère dudit conte de Flandres, qui un pou avant estoit trespassée à Arras et en avoit-en apporté le corps à S. Denis, là où il devoit estre enterré. Et là ceulx de Paris envoïèrent devers le Roy le prévost des marchans de ladite ville et pluseurs autres pour ce qu'ils savoient bien qu'ils n'estoient pas en la grâce du Roy, car chacun jour ilz se portoient fièrement et hautement contre ses gens et officiers et ne lui vouloient faire aucune aide ne pour le fait de sa guerre maintenir, ne pour

1. Charles VI étoit à l'abbaye de Saint-Denis le 14 mai. A Saint-Denis le 17.

son estat. Si requirent et supplièrent audit Roy, ledit prévost des marchans et ceulx de sa compaignie qu'il lui pleust que les habitans de sa bonne ville de Paris fussent en sa bonne grâce, car il lui vouloient faire service et obéissance si comme il appartenoit, comme à leur droit seigneur naturel et souverain; et jàsoit ce que pluseurs de lad. ville se fussent portez envers le Roy et ses officiers autrement qu'il ne devoient, et leur eussent donné petite ou nulle obéissance depuis qu'il avoient usé des maillèz comme dit est, le Roy et son conseil qui tousjours cuidoient par débonnaireté les ramener en bonne voie et mettre en obéissance là où il devoient estre, leur pardonna de rechief ce qu'ilz avoient meffait depuis le premier pardon fait au bois de Vincennes dont dessus est faite mention. Et ilz accordèrent au Roy pour la ville et vicomté de Paris à lui faire aide de iiii^{xx} mille frans, et après ilz requirent au Roy comme il voulsist aler visiter sa bonne ville de Paris.

Item, ledit duc d'Anjou qui en ce temps estoit encore en Avignon et avoit ordené son fait pour aler ou royaume de Naples et mandé et assemblé ses gens qu'il devoit mener aveques lui, parti ou mois de juing ensuivant mil ccc iiii^{xx} et deux dessusdit pour aler oudit royaume de Naples, et le conte de Savoie aveques lui, et avoit le dit duc d'Anjou prins le nom et le titre de duc de Calabre, car le Pape lui avoit donné le duchié, et lui en avoit fait le dit duc hommage.

Et tenoit on que le dit duc en enmenoit aveques lui de iiij a v^{m} hommes d'armes, sanz archiez et arbalestriers.

Item, en la saison d'iceluy esté, le roy ala à Montargis[1] et tenoit-on fermement qu'il deust aler en Guienne, car il avoit esté conseillié et délibéré qu'il estoit expédient qu'il y alast en sa personne.

Item en celle saison Mess. Aymon, filz du roi d'Angleterre derrenier mort, conte de Cantebruge, qui estoit passé ou royaume de Portigal, et en sa compaignie grant foison d'Anglois gens d'armes et archiers pour faire guerre au roy de Castelle par le moyen de l'aide du roy de Portigal qui s'estoit aliez aveques les diz Anglois, nonobstant que par avant il se fust aliez avec le dit roy de Castelle, ne pot pas accomplir ceu qu'il cuidoit faire ; car tantost que les diz Anglois furent descendus oudit royaume de Portigal, le roy de Castelle envoïa grant foison de gens d'armes encontre les diz Anglois pour garder qu'ilz n'entrassent en Castelle, et ainsi demourèrent les dis Anglois ou royaume de Portigal long temps, au grant dommage du roy et du royaume de Portigal.

Et en la saison de l'esté dessusdit mil trois cent quatre-vingt-deux, le dit roy de Castelle entra ou dit royaume de Portigal si fort et si puissant de gens d'armes que les diz roy de Portigal et Anglois furent contraincs de faire traictié aveques lui, par lequel

1. Je le vois cependant les 20, 22, 24, 26 et 27 mai à Melun; en juin à Creil, Melun, Compiègne et Maubuisson; en juillet dans ces deux dernières localités, etc. Ce n'est que le 26 septembre que je vois une pièce datée du château de Montargis; item le 5 octobre. — Le religieux de Saint-Denis dit que le roi, qui étoit arrivé à Saint-Denis le 18 août, y prit l'oriflamme le 19 et revint le 19 à Vincennes. Mais Pierre d'Orgemont n'a pas pu se tromper sur ce point, et dans l'itinéraire de Charles VI, que j'ai relevé avec soin sur les registres du trésor des chartes, je vois ce prince le 2 août à Vy-sur-Aisne, le 3 à Saint-Maard de Soissons, le 7 et le 13 aussi à Saint-Maard, le 20 à Meaux (ès requetes de l'hôtel).

traictié le dit roy de Portigal renonça aux aliances qu'il avoit avec les diz Anglois, et promist et jura d'aider et conforter d'ores en avant le dit roy de Castelle contre les diz Anglois s'il en estoit besoing; et les diz Anglois se deurent partir et partirent du dit royaume de Portigal et jurèrent solennelment qu'ilz s'en yroient en Angleterre sans meffaire par mer ne par terre à aucuns des subgiez amis ou aliez du roy de France ne du roy de Castelle, et avant ce qu'ilz meiffeissent ou peussent meffaire chacun d'iceulx iroit en sa maison. Et pour ce que les diz Anglois n'avoient aucuns vaisseaux pour eux en aler par mer, le dit roy de Castelle leur en presta et ilz promistrent et jurerent les lui renvoïer tantost qu'ilz seroient descendus en Angleterre.

Et pour ce que en traictant les choses dessus dites le dit conte de Cantebruge se nommoit filz du roy de France et d'Angleterre le dit roy de Castelle ne voult passer ni accorder les lettres esquelles le dit conte mettoit ce titre, et convint qu'il ostast *filz du roy de France*, et qu'il mist seulement *filz du roy d'Angleterre*.

Item en celle saison le roy qui voulentiers eust mis accort entre le conte de Flandres et les Flamens qui estoient à siége devant la dicte ville de Audenarde, envoia messages à Tournay notables pour traictier entre les parties, c'est assavoir l'evesque de Laon, Mess. Arnault de Corbie, premier president de parlement, et Mes. Enguerran de Hedin [1], seigneur de Chasteauvillain, lesquelx messages du roy, quant ilz furent

1. Plus habituellement, et même ici dans le Ms. Coislin, nommé Enguerrand d'Eudin, soldat de fortune qui joua un très-grand rôle au XIVe siècle, et devint un très-grand seigneur.

à Tournay, envoièrent à Phelippe Artevelle cappitaine des diz Flamens lettres par lesquelles ilz lui signifioient qu'ilz estoient venuz à Tournay du commandement du roy pour parler à lui et à autres de Flandres et qu'il leur envoiast un saufconduit pour aler parler à eulx, lequel Phelippe Artevelle leur respondit par la maniere qui s'ensuit :

« Très nobles et très haulx seigneurs, nous avons « receu et veu vostres lettres à nous envoiées faisans « mencion que nous vous envoiesmes lettres de sauf- « conduit pour certaines personnes en voz dites let- « tres expressées, sur lesquelles vostres tres nobleteiz « plaise assavoir que nous envoirons très volentiers « lettres de saufconduit aux dites personnes, en telle « manière que toutes les forteresses et villes qui sont « closes et fermées contre la ville de Gand soient des- « closes et ouvertes à la volunté de la dite ville de « Gand, ainsi que nous chargames à ceux qui derre- « nierement pour icelle mesme chose furent envoiez « par deça. Nostre Sire soit garde de vous. Escript à « Gand le xe jour d'octobre.

« Phelippe Artevelle et ses compaignons. »

Quant les diz seigneurs du conseil du roy qui avoient esté envoiez à Tournay par le roy, comme dessus est dit, orent veues les lettres dessus transcriptes du dit Phelippe Artevelle et ses compaignons, ilz renvoièrent de rechief par devers les diz Flamens et leur rescripsrent comme ilz voulsissent envoier le dit saufconduit, car se les diz conseillers du roy avoient parlé aux diz Flamens ils créoient fermement qu'il y auroit bon appointement et bonne conclusion en la besoingne selon ce que le roy le vouloit et desiroit. Si renvoierent les diz Phelippe Artevelle et ses compaignons Flamens, de rechief, autres lettres dont la teneur s'ensuit.

« Tres chiers et grans seigneurs receu par nous « vostres lettres et bien entendu le contenu en icelles, « sur lesquelles vous plaise savoir que en nulle ma- « nière ne povons envoyer lettres de saufconduit ne « avoir autre déliberacion ne advis sur ce que vous « avez escript, si ce n'est que vous apportez la chose si « comme autreffois escript nous avons. Et pour ce « qu'il nous semble que vous n'estes pas chargés d'ap- « porter ainsi que autreffois vous a esté escript, si est « il que nous vous prions que de ce vous veulliez lais- « ser de travailler et en bonne paix, car autrement « l'entente du commun païs n'est mie que on baillera « autres lettres à aucune personne si ce nest que les « forteresses soient descloses. Et nous semble que « vous pourriez bien croire de ceu que dit est. Car « nous tenriemes, comment que nous sommes petit et « povres, aussi voulentiers ceu que nous parleriemes « comment feroient les grans seigneurs. Nostre Sei- « gneur vous ait en sa sainte garde. Escript a Edelaer « le xive jour d'octobre.

« Phelippe Artevelle et ses compaignons. »

Quant les gens du roy estans à Tournay orent receu ces lettres ilz se partirent et rapportèrent au roy ceu qu'il avoient trouvé ès diz Flamens et pour ceste cause le roy ot conseil et delibéracion de laissier son voyage qu'il avoit entrepris en Guienne et fist sa semonce pour aler en Flandres, et cependant le duc de Berry vint de la Langued'oc en France devers le roy pour lui dire l'estat du païs de par de là.

Si fist le roy assembler son conseil pour savoir qu'il avoit à faire et pour ce que aucuns du dit conseil tenoient qu'il n'estoit pas bon que le roy alast en sa personne en Flandres et les autres tenoient le contraire, délibéré fut qu'il yroit jusques à Arras et la se prendroit la conclusion de ceu qu'il se devroit faire. Et fut le roy à Arras le viie, le viiie et le ixe jour de novembre lan mil ccc lxxxij. Et apres se parti et ala à Lens en Arthois, et de la à Seclin : et le mercredi xixe jour du mois de novembre parti le roy de Seclin pour aler en Flandres et passa lui et son ost en batailles ordenées par devant la ville de Lisle, et faisoient l'avantgarde le connestable, les mareschaux et le sire de Sempy, et avoient par estimacion deux mille lances, cinq cents arbalestriers, quatre cents archiers; mille et cinq cents varlez armez de jaques et de haches. Et apres estoit la bataille du roy, en laquelle estoient, aveques le roy, les ducs de Bourgoingne[1] et de Bourbon, les contes de Saint Pol et de la Marche et pluseurs autres : le Seigneur de Coucy, l'amiral de la mer, l'evesque de Beauvaiz chancelier de France : et estoient bien en celle bataille par estimacion trois mille cheva-

1. Voir dans dom Plancher, t. III, p. 565, les noms de plusieurs seigneurs qui furent à Rosebec en 1382, et p. 567 la liste des dons que le duc de Bourgogne fit en cette occasion à quelques-uns d'entre eux. Je ne sais si ces listes, tirées du compte d'Amiot Arnaut, receveur général des finances du duc pour 1382, diffèrent d'une autre liste qu'on dit être dans l'édition donnée par M. Gachard de l'histoire des ducs de Bourgogne, de M. de Barante, 1. 606. (Chr. rimée, p. 109, n. 1.) C'est le seul détail que j'aie vu de l'armée de Flandre.

liers et escuiers, deux cents arbalestriers, six vingts[1] archiers; et après estoit le charroy, le sommage et le commun, et puis chevauchoit l'arrièregarde en laquelle estoient les contes de Blois, de Harecourt et pluseurs autres grans seigneurs, et y avoit par estimacion mil et cinq cents lances et six cents varlez armez. Et en chevauchant vers le pont de Commines pour passer la ripviere du Liz, nouvelles vindrent au roy[2] que le connestable, le mareschal de Sancerre et les autres de l'avantgarde avoient gaingnié le pont et passage de Commines sur la riviere du Lis. Et jàsoit ce que par avant les gens du dit conte de Flandres eussent gaengné le dit passage, toutevoies l'avoient, depuis, les Flamens recouvré sur eulx, car Phelippe Artevelle, cappitaine des diz Flamans y avoient envoié bien six mille[3] Flamens armez avec grant foison d'abillemens comme de canons, ribaudequins et autres qui garderent le dit pont apres ce qu'il l'orent recouvré sur les gens du conte comme dit est. Mais les dites gens du roy, de l'avantgarde, regaingnèrent sur les diz Flamens le dit pont et passage à force d'armes et par la vaillance de leurs personnes, et en passèrent pluseurs la dite riviere en petitz basteaux. Et tant que celle journée touz ceulx de l'avantgarde passèrent la dite

1. Var. *six cens.*

2. L'auteur étoit évidemment dans le corps d'armée du roi et probablement près de sa personne, c'est ce qui résulte de l'exactitude de sa chronologie et des pièces officielles ici transcrites. Le chr. supp. fr. n° 1536, qui a un chapitre très-détaillé sur l'expédition de Flandres, dit ici que : Li amiraux de Franche envoïa devers Commines Jehan de Nant, le sire de Ste-Croix, Guerat de Boubeuh et le sgr de Tinteville qui défirent 500 Flamands sur Mesines.

3. Var. *seixcents.*

riviere du Lis. Et ce mesme jour se logea le roy en plains champs d'autre part de la dite riviere pour ce que le dit pont estoit despecié et ne povoit l'ost du roy passer. Et cellui jour le dit Phelippe Artevelle oy nouvelles que les gens du roy avoient gaengnié le dit pont et passage et que les gens qu'il y avoit ordenez s'en estoient fouiz et pluseurs y avoient esté mors. Si envoia, celle nuit environ mienuit, environ ouit mile Flamens armez pour cuidier icellui pont et passage regaengnier et y envoia un sien compaignon appellé Pierre du Bos avecques les diz Flamens comme leur chief, et y avoit une femme qui portoit sa banière, et lui avoit ordenée par sorcerie[1] si comme on disoit. Et quant ils furent pres de nos gens, il les trouvèrent aux champs touz armés et coururent sus premierement à la partie où estoit le dit seigneur de Sempy qui n'avoit que six vingt lances, lequel les attendi et combati à eulx tres vaillamment, et tantost survindrent le connestable, le mareschal de Sancerre et de leurs gens une partie et coururent sus aux diz Flamens et tantost les desconfirent et y en ot de mors en la place six cens et plus et les autres s'enfouyrent et y fut tuée ladite femme qui portoit la baniere, et le dit Pierre du Bos leur cappitaine s'enfouy tout navré si comme on disoit.

Et le Juedi ensuivant, xxe jour du dit mois de Novembre, le roy passa la dite riviere du Lis au dit pont de Commines, et tout son ost et ses gens, et se logea sur les champs à demie lieue près, sur le chemin en alant à Yppre. Et le vendredi xxie jour du dit mois ap-

1. Femme de vie *mains-honneste*, nommée Marie Jetrud. (Chr. 10 297.)

porterent ceulx d'Yppre les clefs de la dite ville. Et le samedi xxiie jour d'icellui mois de novembre se desloga le roy et s'ala loger devant Yppre[1] au plus près, sans ce que l'en se logeast dedans la dite ville, mais bien s'aloient refreschir de jours en icelle les gens de l'ost et retournoient au soir en l'ost, et furent mises les armes du roy et les banieres en l'ostel de la dite ville d'Yppre et celles du conte de Flandres emprès, plus bas. Et cria-l'en en la dite ville de par le roy que nul n'y prist rien sans paier et pluseurs autres cris y fist-on de par le roy. Et icellui samedi vindrent ceulx de la vallée de Cassel eulx rendre au roy et n'y avoit homme ne femme ou païs jusques à Gand qui ne portast la croix blanche, et icellui samedi la ville de Popelingues fut toute arse et pillée : et le vendredi précédent l'avoit esté Messines et Vervin.

Item le Dimanche xxiiie jour dudit mois de novembre vindrent devant le roy, en son logeis, les bourgois et habitans de la ville d'Yppre, sans chapperon, tous à genoulz et mains jointes, et lui crièrent mercy touz à une voix et lui supplièrent, comme à leur seigneur souverain, que les faultes, désobeissances et rébellions qu'ils avoient faites ou temps passé contre le roy et le royaume et le conte de Flandres, il leur voulsist pardonner : à quoy le roy les receupt parmy certains poins qui ensuivent. C'est assavoir qu'ils jurèrent là presentement sur sainctes euvangilles de Dieu

1. La chronique supp. fr. n° 1536 dit que la reddition d'Ypres fut due à un écuyer nommé Guillaume Leroux, qui fit *grant outrecuiderie* en allant parlementer seul à ceux d'Ypres. — Il leur auroit persuadé de se rendre et auroit amené avec lui Jacq du Bos, leur capitaine.— Le roi envoya à Ypres Jehan de Nant et y fit porter ses bannières.

qu'ils tenoient et tendroient à touzjoursmais, sans enfraindre, le roy et ses successeurs roys de France pour leur seigneur souverain, et lui aideront de tout leur povoir, obeiront et le serviront envers touz et contre touz qui pevent vivre et mourir, comme à leur droit seigneur souverain, et par espécial contre les Anglois, et au conte de Flandres comme à leur droit seigneur naturel. Item que touz ceulx de la dite ville d'Yppre qui ont esté ou sont devers les Anglois pour traictier aveques eux et ceulx qui sont aveques Phelippe Artevelle, en l'ost d'Audenarde ou ailleurs, ilz tendront pour faulx, mauvais et traistres, et les baniront solennelment à tousjours de la dite ville et de leur compaingnie, et leurs maisons et habitations quelconques abatront et feront abatre et démolir, ou cas toutesvoies que dedans mardi, ensuivant xxve jour du dit mois de novembre, ilz ne seront retournez en la dite ville comme vrais obéissans et subgiez du roy et du conte de Flandres par la manière que dit est dessus. Item que se aucunes fédérations ou aliances ont esté faites par eulx aveques les Anglois, ilz ne les tendront en aucune maniere. Item que toutes manieres de harnois, ribaudequins et autres abillemens de guerre quelconques, ilz apporteront, chacun ceu qu'il en auront, au roy, cellui jour, pour en faire sa volenté; et parmy ces poins, reservé au roy certains autres à sa volenté, le roy leur quitta remist et pardonna toutes les dites faultes et rebellions aveques toute paine corporelle et civille, et leur promist en parole de roy les tenir et garder à son povoir de toute force et de tous griefs, envers tous et contre tous qui pevent vivre et mourir, tant comme ilz se vouldront gouverner en la manière dessus dite. Et de ce furent accordéez lettres d'une partie et d'autre.

Item, après les choses dessus dites, fut parlé aux dessus diz d'Yppre, de par le roy, du scisme qui est en l'église, et leur dist-on que onques, puis qu'il creurent en Berthelemy, bien ne vint à eulx ne au païs, et qu'il convenoit qu'il créussent comme le Roy et que en ce ne povoient errer. A quoi respondirent que tres voulentiers ils croiroient et feroient tout ce que le Roy et le Conte de Flandres vouldroient. Et apres ce alerent les dessus diz d'Yppre au logis du conte de Flandres pour lui crier mercy comme ilz avoient fait au Roy, lequel les y receupt, fors trois qu'il renvoia devers le Roy, les mains liées, et orent tantost les testes couppées : desquelx estoit l'un le cappitaine d'Yppre et l'autre le cappitaine du pont de Commines qui avoit tenu le dit pont contre les gens du Roy, et le tiers estoit leur compaignon.

Item, le lundi xxive jour du dit mois de novembre, vindrent nouvelles au Roy que le duc de Berry, son oncle, venoit devers lui en l'ost, et gisoit celle nuit à Lisle, et pour ce ne se desloga point le Roy de là ou il estoit, le lendemain xxve jour du dit mois. Et aussi vindrent nouvelles au Roy que Phelippe Artevelle gisoit cette nuit a Roliers, accompaigné de grant foison de Flamens armez; et disoient aucuns qu'il venoit pour combatre le Roy : les autres disoient qu'il s'enfuyoit à Bruges pour garder la ville.

Item, le dit xxve jour de novembre le duc de Berry vint en l'ost du Roy avant disner, et ce jour envoia le Roy de ses chevaucheurs à Roliers ou estoit Philippe Artevelle et son ost logiez, lesquelx chevaucheurs rapportèrent pour vérité que le dit Phelippe Artevelle et ses Flamens s'estoient deslogiez cellui jour après disner et venuz logier à un village près du logis du Roy à environ lieue et demie.

Item le Jeudi xxviie jour du dit mois de novembre, le Roy et ses gens qui savoient le dit Phelippe Artevelle et ses Flamens estre aux champs près d'eulx, se mistrent en ordenance et en batailles et se mistrent à chemin pour aler contre les diz Flamens et les approuchèrent tant que les diz Flamens povoient traire jusques au lieu là où estoit l'avantgarde du Roy. Toutevoies les gens du Roy s'approucherent d'eulx et leur coururent sus sur une petite montaigne, là ou estoient le dit Phelippe Artevelle et ses Flamens près d'un petit village appellé Rosebech. Et tantost furent iceulx Flamens desconfiz qui estoient bien en nombre de quarante mille, si comme on povoit estimer. Et furent vingt cinq mille ou plus des diz Flamens mors sur la place, entre lesquelx fut mort le dit Phelippe Artevelle, et aveques ce furent mors grant foison des diz Flamens qui s'enfuioient, en la chasse que on fist apres eulx. Et toute celle journée demoura le Roy en son logis.

Item, le vendredi xxviiie jour du dit mois de novembre, le Roy parti de son logis et ala à Thourot.

Et le xxixe jour d'icellui mois vindrent ceulx de Bruges[1] eulx rendre à lui, lesquelx le Roy receupt par

1. Le texte, ou au moins une mention officielle et très-détaillée de la convention consentie par les habitants de Bruges, est donné *in extenso* dans la *Chronique rimée des troubles de Flandres*. Lille, 1842, in-8, p. 106. Il est visible que l'auteur de la *continuation* avoit cette pièce sous les yeux quand il en donnoit l'analyse ci-jointe, qui est d'une exactitude scrupuleuse. Mais dans la *chronique rimée*, on assigne à cette pièce la date du 30 (et non du 29) novembre à Torhoult ou Thoroud.

le traictié qui s'ensuit. C'est assavoir qu'ilz tendront, d'oresenavant, à touz jours, le Roy et ses successeurs Roys de France à leur seigneur souverain, et à lui et à ses lieuxtenans, baillys, prevosts, sergens et autres officiers quelconques obéiront, et ressortiront en son parlement à Paris en cas de ressort et souveraineté et lui garderont ses droiz royaulx et les tendront sans enfraindre.

Item, que toutes federacions faites ou consenties à faire par eulx ou aucuns d'eulx, ou par autres pour eulx et en leurs noms, avecques Anglois ou autres ennemis du Roy, tant du temps de Jaques et Phelippe Artevelle comme d'autres temps, en quelque manière que ce soit, ilz tendront pour nulles et comme cassées et vaines et de nul effeit, sanz y entendre en aucune manière, et de fait les apporteront au Roy.

Item, que de tout leur povoir il dommageront d'ores-en-avant et greveront les ennemis du roy et du royaume, leurs aliez et bien vueillans et par espécial les Anglois, et ne leur donneront conseil, confort ne aide de gens, de biens, de vivres ne autrement en aucune maniere, et ne converseront avecques eulx en marchandises, ne autrement, si ce n'est du congié et licence du Roy et de leur seigneur.

Item, qu'ilz paieront au Roy six vingt mille francs, cent chars chargiez de pain et cent tonneaux de vin, lesquelx ilz devoient faire admener en l'ost du Roy à leurs despens. Et des diz six vingt mille frans paieront soixante mille comptans, et des autres soixante mille bailleront hostages pour paier à certains termes. Et aussi se declaireront pour la partie du Pape Clement, si comme il est dit de ceulx d'Ippre.

Lesquelles choses ilz accorderent et jurerent sur sainctes euvangilles de Dieu tenir et accomplir fermement, sans enfraindre, et, parmy ce, le Roy leur pardonna et quitta touz meffais et leur accorda confermer leurs privileges royaulx, et faire confermer ceulx du conte.

Item, le xxxe jour du mois de novembre le Roy et son ost alèrent logier à Rolliers, et de là envoïa aux habitants de Gand unes lettres ouvertes et patentes scellées de son seel desquelles la teneur s'ensuit :

« Charles, par la grâce de Dieu, Roy de France, « aux Bourguemaistres, Maïeurs, Eschevins, bourgois « et habitans de la bonne ville de Gand, Salut. Comme « pour les descors, rébellions et désobéissances qui « ont esté et sont entre nostre très chier et féal cousin « le conte de Flandres, et vous et les autres du dit païs « de Flandres, nous eussions envoiez nos messages « solennelz, et par iceulx rescript à une partie et à « l'autre, que des diz descors rébellions et désobéis- « sances, Nous, en notre personne, voulions cong- « noistre, comme seigneur souverain de l'une partie « et de l'autre, et que à chacune partie ferions sur tout « raison et justice, ou ferions faire en notre parlement « à Paris; à quoy nostre dit cousin se soit du tout « soubzmis à nostre volenté et ordenance. Et vous, « la partie du païs dessus dit, n'ayez voulu entendre « au contenu en noz dites lettres ne respondre à nos « diz messages, ne ad ce que commandé et enchargié « leur avions pour la cause dessus dite, comme à mes « sages envoiés de par vostre seigneur souverain, ains « aient esté aucuns porteurs de lettres détenuz, et « pour ce soïons entrez en icellui païs de Flandres

« pour corrigier la partie désobéissante s'aucune en « y a, et réparer les diz descors et rébellions ; et quant « nous avons esté en icellui païs avons trouvé pluseurs « de noz bons et loyaux subgiez du dit païs de Flandres « qui, de leurs bonnes volontez et sans aucune con- « trainte, sont venuz en notre obéissance et rendu à « nous les bonnes villes et plat païs à notre volenté « comme à leur seigneur souverain ; et aussi ayons « trouvé ou dit païs pluseurs rébellions et désobéis- « sances qui de leur mauvaise volenté et desordenée « se sont mis à grant nombre de gens armez sur les « champs pour nous grever et dommagier de leur « povoir, et iceulx à l'aide de nostre seigneur avons « combatuz et desconfiz : Savoir vous faisons que pour « éviter l'effusion de sang humain et pour pitié et « compassion que nous avons de nos subgiez, et aussi « pour consideration de ce que vous avez touzjours « esté plus enclins à obéir à noz prédécesseurs roys de « France et à nous que nulz autres des bonnes villes « de Flandres, et pour touzjours nourrir paix, con- « corde et amour entre nostre dit cousin et vous, « avant que nous procedons contre vous, oultre, par « voie de fait, nous, encore de rechief, de notre grace « espéciale et d'abondant, vous offrons de oïr en nostre « personne, comme vostre seigneur souverain, toutes « les causes et raisons que dire et proposer vouldrez « sur les diz descors et rébellions, se ad ce voulez en- « tendre, et de vous faire sur tout raison justice et « grace avec, là ou elle escherra. Et pour touzjours « avoir Dieu et raison devers nous, et vous mettre en « votre tort, vous envoïons pour sommacion finale « ces presentes par cest messages, affin que par lui

« nous faites savoir, sur tout, votre entencion et vo-« lunté, et que sur ce procédions selon ce que Dieux « nous conseillera. Donné en nostre ost à Thourot le « premier jour de décembre, l'an de grâce mil ccc lxxxii, « et de nostre regne le tiers. »

Item, le premier jour dudit mois de décembre, le Roy et son ost entrèrent en la ville de Courtray qui jà avoit esté pillée par le Haze, bastart de Flandres[1] et par ses compaignons, et de laquelle ceulx qui estoient demourez en vie après la bataille s'en estoient partiz et estoient alez à Gand, mais néantmoins le Roy et ses gens y trouvèrent des vivres en grant habondance.

Item le iiie jour du dit mois de décembre envoièrent devers le Roy, à Courtray, ceulx de Gand unes lettres dont la teneur s'ensuit.

« Tres excellant et très haut et très puissant sei-« gneur, à vostre haulte majesté royale, plaise vous « savoir que nous avons receu vos amiables lettres à « nous envoïées faisans mention que comme pour les « descors et rébellions et désobéissances qui ont esté « et sont entre votre très chier et féal cousin le conte « de Flandres, et nous et les autres du païs, vous « eussiez envoié vos messages solennelz et par iceulx « escript à l'une partie et à l'autre que des diz descors « rebellions et désobéissances, vous, en votre personne, « vouliez cognoistre, comme seigneur souverain de « l'une partie et de l'autre que vous estes, et que, avec « l'une partie et l'autre, vous feriez à chacun raison

1. Louis, fils naturel du comte de Flandres, dont il est question p. 17. Il servoit à cette guerre avec 5 chevaliers et 9 écuyers. Il périt à Nicopolis en 1397. (Père Ans. II, 740.

« et justice ou feriez faire en vostre parlement à « Paris, à quoy vostre dit cousin s'est du tout soub- « mis à votre volunté et ordenance, et nous, la partie « du dit païs, n'avons voulu entendre au contenu de « vos dites lettres, ne respondre à vos diz messaiges, « ne ad ce que commandé et enchargié leur aviez, « pour la cause dessus dite, comme messages solen- « nelz envoiez de par nostre dit seigneur souverain « que vous estes, ains aient esté aucuns porteurs de « vos dites lettres retenuz, et pour ce estes-vous en- « trez ou païs de Flandres, en puissance, pour cor- « riger la partie désobéissante, se aucune en y a, « aveques autres points declairez et contenuz en vos « dites lettres.

« Sur lesquelles, très puissant seigneur, vous plaise « savoir que sur vos dites lettres et le contenu d'icelles, « en conseil et advis, sommes d'accort de vostre royale « majesté supplier humblement, comme nostre sei- « gneur souverain, qu'il vous plaise, par vostre bonté, « consentir et octroyer un saufconduit pour trente et « deux personnes, pour venir, demourer, et paisible- « ment retourner en tel lieu qu'il vous plaira, et là « dire, proposer et monstrer l'intencion de nous, vos « vrais et loyaux subgiez.

« Et très excellent seigneur, en ce tant vous plaise « faire que nostre seigneur vous en saiche gré, qui « vous ait adès en sa saincte garde. Escrit le troi- « sieme jour de decembre. »

Et, estoit ainsi escript en la marge dessoubz : « Vos « humbles subgiez, Esquevins, cappitaine, Doyen, « conseil et toute la communauté de vostre ville de « Gand, appareilliez à vostre commandement. »

Et en la superscription des dites lettres estoit ainsi escript :

« A tres excellent, très hault et tres puissant sei-
« gneur, notre tres chier et tres amé seigneur souve-
« rain, noustre sire le Roy de France. »

Si leur envoïa le Roy le saufconduit dont mention est faite ès dites lettres. Lequel receu par eulx à Gand envoièrent certaines personnes devers le Roy à Courteray, lesquelx, à moult-grant révérence, se offrirent à faire le plaisir du Roy. Si leur fut baillé par escript ce que le Roy vouloit qu'ils féissent par la manière et substance que dessus est escript d'Yppre et de Bruges, mais, oultre, le Roy vouloit qu'ilz paiassent trois[1] cens mille frans, et leur furent ces choses baillées par escript à leur requeste. Et après ce que les diz messages orent parlé à ceulx de la ville de Gand, retournèrent devers le Roy à Courteray et rapporterent par escript la response de la ville seellée : et principalement sur l'article du traictié qui contenoit que avant toutes choses ilz croiroient en nostre saint pere le Pape Clement, si disoient que le conte de Flandres les fist assembler devant son clergié, et leur fist dire et tesmoignier de vray que Urbain estoit vray Pape; et, quant il leur sera dit le contraire, ils croiront voulentiers en Clement, car il ne leur chaut lequel, si comme ilz dient.

Et pour ce qu'ilz ne respondirent pas aux autres articles, l'en les renvoia arrieres à Gand, de par le Roy, pour avoir response sur les diz autres articles. Si retournèrent à Courteray le dixhuitieme jour du dit mois de decembre, et captieusement et malicieusement res-

1. Variante *quatre*.

pondirent, et pour ce ne furent point d'accort avec les gens du Roy, et pour ce, si comme l'en disoit que pluseurs des gens d'armes du Roy s'estoient partiz, iceulx de Gand se tenoient plus fiers et plus orgueilleux, et aussi estoit lors le temps mal et pluieux, par quoi le Roy ne povoit plus, pour celle saison, hostaier; si se desloga le Roy de Courteray le dixhuitieme jour de décembre et ala à Tournay, excepté trois cents hommes d'armes qu'il laissa en garnison en la dite ville de Courteray. Et toutes voies aucuns boutèrent le feu en la dite ville de Courteray, et y ot une grande partie d'icelle ville arse, et fut abatu l'orloge de la dite ville qui estoit le plus bel que on sceust nulle part. Et demoura le roy à Tournay jusques après les festes de Noël, et après se parti[1], et ala à Arras, et d'Arras à Compiengne, là où il fut le iiiie jour de Janvier ensuivant, auquel jour il avoit mandé pluseurs des gens de son conseil d'estre à l'encontre de lui.

Item, le mercredi viie jour du dit mois de Janvier, en ladite ville de Compiengne, les ducs de Berry et de Bourgongne, oncles du Roy et aïans le gouvernement de lui et de son royaume, firent à l'evesque de Beauvais[2], lors chancelier de France, rendre les seaulx du

1. Le comte de Flandres étant à Lille le 26 décembre donna des sommes considérables aux principaux chefs de l'armée françoise. Olivier de Clisson eut 10 000 fr.; Jean de Vienne, 3000; Enguerran d'Eudin, 1000; Guy de Pontarlier, maréchal de Bourgogne, 500; Ansel de Salins, sire de Montferrant, 1000 fr. à prendre sur les aides de la comté de Bourgogne; Guy de La Trémoille, 3000 fr. (voir Dom Planches). Ce fait me semble indiquer que le roi, ou au moins une grande partie de l'armée, étoit à Lille le 26 décembre.

2. Miles de Dormans, évêque de Beauvais, avoit été nommé chancelier par le duc d'Anjou, en remplacement de Pierre d'Orgemont, le 1er octobre 1380, ce dernier restant chancelier du Dauphiné (Le Lab. 36).

Roy, lesquels seaux furent mis ès coffres du roy, et ordenèrent lesdiz ducs que jusques ad ce que le Roy eust fait un autre chancellier, l'en scelleroit du petit seel duquel l'en avoit accoustumé de sceller à Paris, en l'absence du grant[1]. Et au gouvernement du petit scel furent ordenez l'evesque de Laon, Messire Arnault de Corbie, premier president de parlement, et maistre Philippe de Moulins, chanoine et chantre de l'église de Paris.

Item, le Vendredi ensuivant, ixe jour de Janvier, le Roy se parti de Compiengne, et le Samedi ensuivant entra à Saint-Denis et rendi en l'eglise de Saint-Denis l'oriflambe qu'il avoit portée en Flandres, laquelle fut mise solennelment sur l'autel, devant les corps sains.

Item, le Dymenche xie jour dudit mois de Janvier l'an mil ccc iiii^{xx} et deux dessusdit, entra le Roy à Paris et grant foison de gens d'armes aveques lui, desquelx grant quantité, tous armez, les bacinez ès testes, alèrent de la bastide Saint-Denis, à pié, devant le Roy, jusques à l'église Nostre-Dame de Paris; et le roy et ses oncles, les ducs de Berry, de Bourgogne et de Bourbon et pluseurs autres grans seigneurs alèrent à cheval jucques ou parviz, devant lad. église de Nostre dame à la porte : devant laquelle eglise l'evesque et le collège d'icelle, revestus en chappes, receurent le Roy en chantant à l'entrer en ladite église *Te deum laudamus*. Et vindrent à pié, au long de l'eglise, jusques devant l'image, devant lequel ymage ilz firent leurs

1. Ce sceau existe aux archives, il représente l'écu de France soutenu par un personnage debout et ces mots : *Sigillum regium in absentia magni ordinatum*.

oroisons; et là offry le Roy sa banière qui avoit esté portée devant lui le jour de la bataille, et après s'en retourna en son palais à Paris à disner, et y demoura depuis par pluseurs journées. Et les gens d'armes qui estoient venus en sa compaignie se logèrent là ou bon leur sembla, ou cloistre Nostre dame, en la cité et ailleurs par tout Paris, là où il leur pleut, et communément tous hors hosteleries, et la plus grant partie aux despens de ceulx en quelx hostelx ils estoient logiez.

Item cellui jour de Dimenche furent priz et emprisonnez à Paris pluseurs personnes notables; et furent les uns mis au Palais, les autres en chastellet, et les autres autre part en pluseurs et diverses prisons. Entre lesquelx fut pris un advocat de parlement notable et de grant auctorité, advocat du Roy, appellé Messire Jehan des Marès, et fut emprisonné en une tour ou Palais, ses biens pris, saisis, et gens mis en garnison en son hostel.

Item, le Lundi xiie jour dudit mois furent décapités ès halles de Paris Aubert de Dampierre et Guill^e^ Rousseau[1] drapiers et Henriet de Pons, orfèvre, lesquelx avoient esté emprisonnez en chastellet, de par le prévost de Paris, deux jours avant que le Roy entrast à Paris, pour ce qu'ils avoient esté des plus principaulx faisans et conseillans les maulx, rébellions et désobéissances qui avoient esté faites en la ville de Paris dont dessus est faite mention. Et fut crié à Paris, de par le Roy, que toutes manières de gens, habitans de la dite ville, apportassent leurs armeures et harnois; c'est assavoir ceulx de oultre grant pont, au Louvre : et ceulx

1. Le ms 5027 s'arrête ici.

de la cité et d'oultre petit pont, au Palais, excepté seulement leurs espées, sur paine d'estre tenuz et réputez pour traistres; et ainsi fut fait de la plus grant partie de tous les habitants de lad. ville. Et aussi fut ordené de par le Roy que toutes les chayennes d'icelle ville fussent ostées et portées ou chastel du bois de Vincennes, et toutes les barrières qui estoient par lad. ville fussent abatues et arses sur les lieux où elles estoient faites, pour ce qu'elles avoient esté faites, ou une grant partie d'icelles, en enforcissant[1] la ville contre le Roy et contre ses gens.

Et ainsi fut fait : et ne demoura en la ville chaienne ne barrière dont il ne fust ordené par la manière dessusdite. Fut aussi ordené de par le Roy que la porte ancienne Saint Anthoine et toute la muraille du travers de la rue seroit abatue et arrasée et que, en la bastide neuve qui avoit esté faite, seroit fait un chastel pour le Roy, pour avoir entrée et yssue en la ville toutes les fois qu'il lui plairoit, pour ce que ceulx de la ville avoient tenu les portes closes contre le Roy et ses gens, et empeschié pluseurs fois le charroy et sommage du Roy, du duc de Bourgongne et de pluseurs des officiers du Roy. Et aussi fut ordené que devers le Louvre, au bout des murs qui sont sur la rivière, sur les fossez de la ville, seroit faite une bastide, et une tour, qui y estoit, enforciée, affin que le Roy et ses gens eussent l'entrée et l'issue de ce cousté toutesfois qu'il leur plairoit. Et furent mis gens d'armes et arbalestriers en garnison tant en lad. bastide de St Anthoine comme en celle devers le Louvre.

1. Variante *fortifiant*.

Item, fut crié que tout homme qui s'estoit parti de Paris, trois jours avant la venue du Roy et depuis que le Roy estoit venu à Paris, retournast dedens le Dimenche ensuivant et se montrast devers le prévost de Paris, sur paine d'estre banni et de confiscation de ses biens, et dès lors tenoit le Roy pour baniz tous ceulx qui ne retourneroient dedens ledit Dimenche.

Si fut la ville de Paris mise en telle subjection comme oncques ville fut ou royaume de France, et bien estoit raison par les faultes qu'ils avoient faites contre leur seigneur. Et jàsoit ce que par l'exemple que les autres villes du royaume de France avoit eu de lad. ville de Paris, elles fussent presque toutes en voie de rébellion et en désobéissance envers le Roy, leur droit seigneur, par la justice qui fut faite en ladite ville de Paris, elles retournèrent toutes en l'obéissance.

Item, toute celle sepmaine, de jour en jour, l'en prist pluseurs des habitans de Paris et furent emprisonnez en pluseurs prisons par Paris. Et aussi, en vérité, pluseurs des gens d'armes qui y estoient y firent pluseurs excès, tant de prendre des biens de la dite ville, comme des personnes mêmes [1].

Item, le lundi xixe jour dudit mois de Janvier, un bourgois, drappier, de la ville de Paris, des plus notables qui y fussent, appellé Nicolas Le Flamenc, fut décapité ès halles de Paris; et pour ce que austresfois et par espécial l'an mil ccc lvii dont mention est faite en ce livre, il avoit esté présent aidant et faisant, de meurdrir en la présence du roy derrain trespassé, lors régent le royaume de France, ou palais

1. C'est-à-dire de faire des prisonniers et de les mettre à rançon.

de Paris, Messire Robert de Clermont, lors mareschal de Normandie, et le mareschal de Champaigne, il fut trayné, et y ot v autres decappitez aveques ledit Nicolas.

Item, le mardi ensuivant furent criées les aides mises sus de nouvel; c'est assavoir imposition de xii den. pour livre de routes denrées : gabelle de xx francs pour muy de sel et le viij^{e} pour le vin vendu à détail.

Item, le samedi ensuivant xxiiij^{e} jour dudit mois, furent décapitez ès halles de Paris viii autres de ceulx de Paris que l'en appelloit trestous maillès, pour cause des maillez, qu'ils avoient prins en la maison de la ville le premier jour du mois de Mars précédent l'an mil ccc iiii^{xx} et un, dont dessus est faite mencion.

Item, le mardi xxviie jour dudit mois de Janvier mil ccc iii^{xx} et deux dessusdit, le Roy, par délibération de son grant conseil, fist prononcer en sa présence, en la grant sale du palais sur la rivière, qu'il prenoit et mettoit en sa main comme à lui confisquez et acquis pour les rébellions, désobéissances, monopoles et autres choses dessus dites qui estoient toutes notoires au Roy et à tout le peuple, la prévosté des marchans, l'eschevinage et tout l'estat, auctorité et juridiction et revenues qui leur appartenoient, et voult et ordena le Roy, et ainsi le fist prononcier, que son prévost de Paris, dès lors en avant, gouvernast la juridicion appartenant audit prévost des marchans et feist toutes les autres choses à lui appartenant, excepté les offices de la marchandise que le dit prevost des marchans donnoit, lesquelx le Roy reserva à lui à donner.

Et pour ce que les maistres des mestiers de ladite ville, les quarteniers cinquanteniers et diseniers avoient fait pluseurs assemblées de leur auctorité, sans le congié du Roy ne de ses officiers, en pluseurs desquelles assemblées avoient parlé, traictié, et machiné pluseurs grans et notables rebellions, desobéissances et conspiracions, le Roy ordena et fist prononcer en sa présence qu'il vouloit que, dès lors en avant, n'eust aucuns quarteniers cinquanteniers ne diseniers en ladite ville de Paris. Rappella aussi et mist au néant toutes les maitrises des mestiers d'icelle et deffendi que aucun, dès lors en avant, ne se portast ou nommast maistre de mestier, mais, pour ce que les marchandises fussent plus loyaument gouvernées, le Roy voult que des lors en avant il eust en chascun mestier un ou pluseurs visiteurs pour visiter lesdites marchandises, lesquelx visiteurs seroient esleus de l'auctorité et commandement du prevost de Paris par bonnes personnes de chascun mestier. Et celle journée, après les choses ainsi prononcées, Jehan de Floury, lors prévost des marchans, qui présent estoit, rendi au Roy les seaulx de ladite prévosté.

Item, le samedi ensuivant, derrenier jour dudit mois de Janvier, fut décappité es halles de Paris un marchant demourant en la cité de Paris nommé Jehan Maillart et VI. autres en sa compagnie.

Et ou mois de Février ensuivant, par pluseurs journées, en furent pluseurs autres décappitez et pluseurs autres furent mis à composicion d'argent, et y entendirent ceulx qui estoient commis ad ce par tout ce mois de Février. Et aussi en ce mois de Février l'evesque de Paris fist grant poursuite par devers les ducs de Berry et de Bourgongne affin que messire Jehan des Marez clerc non marié lui fust rendu. Et finablement après pluseurs requestes lui fut rendu pour faire raison et justice, mais il demoura tousjours prisonnier ou chastel du Roy au bois de Vincennes, et aussi certains commissaires ordenez de par le Roy, lesquelx, avant qu'il fust rendu à l'évesque, avoient parlé à lui et l'avoient interrogué sur pluseurs choses qu'il avoit faites, si comme on disoit, en ladite ville de Paris, ou temps des rebellions dont dessus est faite mencion. Et disoit-on que tout ceu qui avoit esté fait à Paris, avoit esté fait par son conseil, car, en vérité, ceulx de la ville de Paris le créoient moult, et faisoient peu de chose dont ils n'eussent premierement son conseil. Et après ceu il fut interrogué par lesdiz commissaires sur les choses dessus dites et sur pluseurs autres certains tesmoins, et pluseurs furent admenez et jurez en sa présence et depuis examinez par les diz commissaires et après recolez par l'official de Paris, et disoit-on que moult des choses dessus dites étoient prouvées contre lui. Mais pource qu'il sembla à aucuns que le procès de l'official seroit trop long, pource qu'il vouloit procéder et procédoit selon ceu que on a acoustumé en la court d'église, les ducs de Berry et de Bourgogne en furent advisez, laquelle chose ne plaisoit pas bien aux diz ducs. Et pour ce, après ceu qu'ilz orent parlé aux dis commissaires ordenez de par le Roy sur le fait dudit messire Jehan des Marez, ilz commandèrent au prevost de Paris qu'il feist coupper la teste à icellui messire Jehan des Mares, ès halles de Paris ou lieu ou en avoit acoustumé à faire telles justices.

Et le samedi derrain jour de Février mil ccc IIII^xx et deux dessus dit, messire Jehan de Nant, lors bailli de

Sens, l'ala quérir au bois de Vincennes et le fist venir sur un cheval, environ heure de tierce, en Chastellet, et tantost qu'il ot passé la premiere porte de Chastellet, sans aller plus avant ne monter amont, on le fist despoillier en sa cote et sans chapperon, et le mist-on en une charrete, et autres avec lui, et aussi pluseurs autres en une autre charrette, et furent menez ès halles, et là décappitez, et après menez au gibet[1] et là penduz.

Item, le dimenche, premier jour du mois de mars, le dit an mil ccc IIII^{xx} et deux, et fut le jour que on chante en sainte église *Letare Jherusalem*, le Roy qui estoit au Louvre ala au palais, et en sa compaignie les ducs de Berry, de Bourgogne et de Bourbon ses oncles et pluseurs autres tant de son sang comme autres, et furent sur un eschauffaut qui avoit esté fait, pour celle cause, sur le perron de marbre, en la court dudit palais, là où estoit assemblé si grant peuple de la ville de Paris qu'il n'estoit mémoire à homme qui le veist qu'il eust onques veu si grant nombre de gens assemblés en ladite ville. Et estoit toute la court du palais plaine de tous costés, et si serréz comme ils povoient, et toutes les rues d'environ le palais, car il avoit esté crié par avant que de chascun hostel de Paris y eust une personne, et il n'y avoit personne à Paris qui lors osast désobéir à commandement ne à cry qui se feist de par le Roy, et estoient tous, ou la plus grant partie, sans chapperon, et ainsi avoit-il esté crié. Et là fist le Roy réciter en sa présence les maulx, rebellions et désobéissances qui avoient esté fais depuis la mort du Roy derrain trespassé en ladite ville de Paris par les habi-

1. Le m. S., f. 3084, ajoute *de Paris*.

tans d'icelle ou la plus grant partie. Et premièrement d'avoir fait abatre les aides qui couroient pour la deffense du royaume durant la vie du Roy, et comment après ceu qu'ils avoient esté somez et requis de faire aide au Roy, ainsi comme ilz y étoient tenuz, ilz en avoient esté refusans : et jasoit ce que aucune fois ilz lui eussent accordé aucune somme d'argent, toutesvoies n'en avoient-il aucune chose voulu paier ; comme par pluseurs foiz il se estoient assemblez de leur autorité, sans congié du Roy ne de ses officiers, et avoient fait pluseurs monopoles, conspiracions et seremens illicites et desraisonnables ou préjudice du Roy et de la chose publique : comme ilz avoient fortifiée ladite ville de Paris, contre le Roy, de chaiennes et de barrieres : comme ilz avoient gardé de leur autorité les entrées et yssues d'icelle ville et les empeschié à qui qu'il leur avoit pleu et par espécial aux gens du Roy. Et aussi comme, après ce que une grant partie des plus notables de ladite ville avoient accordé au Roy, au bois de Vincennes, à lui faire aide commune, c'est assavoir, imposicion, gabelle et le VIIIe du vin vendu à détail, laquelle aide devoit estre mise sus et commencer à courir le premier jour de mars l'an mil CCC IIIIxx et un, et ainsi avoit esté crié par la dite ville de Paris le derrain jour de février précédent, pour celle cause pluseurs des plus notables drappiers, merciers, espiciers, marchans de vins et autres s'estoient assemblez secretement à Paris et avoient, par manière de monopole, promis et accordé ensemble qu'ilz ne souffriroient point la dicte aide commune courir. Et bien acomplirent ceu qu'ilz avoient promis ensemble, car l'endemain jour de samedi et premier jour de mars dessus dit, quant les gens du Roy cuidèrent cueillir ladite imposicion ès halles de Paris, s'estoit esmeu le peuple et avoient empeschié le cours de ladite imposicion : et n'avoient pas esté de ceu contens, mais avoient tué et meurdri aucuns des gens du Roy et aussi de ceulx qui avoient esté marchans et fermiers des aides du Roy ou temps passé, et avoient esté ès hostelx de pluseurs des officiers du Roy et d'aucuns des dis fermiers et les avoient pilliez et robez, et, les aucuns, abatus leurs maisons. Et aussi avoient esté en la rue où demouroient les juifs en ladite ville de Paris, lesquelx estoient en la sauvegarde du Roy, et avoient tué et meurdri tous ceulx qu'ilz avoient trouvez, juifs et juives, pillié et robé tout ceu qu'ilz trouvèrent en leurs maisons; et aussi avoient esté en la maison de la ville, en laquelle avoit bien II^m^ maillès de plomb qui avoient pieçà esté faiz pour la guerre du Roy, et les avoient pris, ravis et emportez, et avoient rompu les prisons de Chastellet de Paris, délivré les prisonniers du Roy et ceulx de l'evesque de Paris par pareille voie : avoient fermé les portes de Paris et par espécial celle de devers Saint Anthoine, pource que le Roy estoit au bois de Vincennes, et y avoient mis gens d'armes pour la garder. Et jasoit ce que le duc de Bourgoigne, oncle du Roy, fust alé jusques à Saint Anthoine pour parler à eulx et eust parlé à aucuns qui estoient venuz parler à lui, à saufconduit, tous armez, et leur eust dit qu'ils se voulsissent retraire en leurs maisons et il leur feroit pardonner tout ceu qu'ilz avoient fait, et aussi eust envoié personnes notables des gens du Roy à la dite bastide Saint Anthoine, là où ilz estoient III ou IIII^m^ personnes[1] de ladite ville, pour leur dire ce mesmes qu'il avoit dit à ceulx qui avoient parlé à lui, et les prier doulcement et courtoisement comme ilz se voulsissent retraire, toutes voies n'en vouldrent il riens faire, mais demourèrent touzjours et persévérèrent en leur obstinacion et mauvais propos. Et pluseurs autres choses qu'ilz avoient faittes et dittes ou dommage et préjudice du Roy, leur fist lors dire et exposer le Roy, et aussi comme toutes les autres villes du royaume de France avoient pris exemple à ladite ville et n'avoient voulu faire aucune aide commune et aucunes d'icelles villes s'estoient tenus en rebellion. Et aussi leur fist dire comment ils avoient, depuis ce premier jours de mars l'an mil ccc IIII^{xx} et un dessus dit, demouré touzjours en rebellion, sans donner obéissance au Roy telle qu'ilz devoient, et comment, durant ce temps, ilz avoient empesché par pluseurs fois le prévost de Paris à faire justice, jusques ad ce qu'il sceurent la victoire que par le plaisir de Dieu le Roy avoit eu en Flandres, car il pensoient bien que au retour le Roy les mettroit en obéïssance. Et, non obstant toutes les choses dessus dites, le Roy, voulant user de miséricorde comme ses prédécesseurs ont acoustumé de faire ou temps passé, leur fist lors dire et prononcier qu'il leur quittoit et pardonnoit tous les meffais dessus diz par les modificacions et excepcions qui s'ensuivent.

Premièrement le Roy veult et ordonne que, se les habitans de ladite ville ou aucuns d'iceulx renchéent jamais ès meffais dessusdiz, que ceste présente grâce ou rémission leur soit de nulle valeur.

1. Var. S., f. 3084, quatre ou cinq mille.

Item, veult le Roy que ceulx qui sont jà mis à composicion paient ladite composicion nonobstant ceste présente grâce.

Item, réserve le Roy xx de ceulx qui sont jà prisonniers, telx comme il voudra eslire, pour faire pugnir criminelment, s'il lui plaist, ou de telle amende civille comme il lui plaira.

Item, veult le Roy que ceulx qui sont partiz de ladite ville de Paris trois jours avant ceu qu'il entrast à Paris, et depuis qu'il y entra jusques au jour que le cri fut fait et ne retournèrent dedens le dimanche ensivant, selon la teneur dudit cri, demourent banniz, et soient tous leurs biens confisqués et acquis au Roy. Et ces choses ainsi prononcées du commandement du Roy, il ordena que tous ceux qui en vouldroient lettre l'eussent. Et après se leva le Roy et se parti et touz ceulx de sa compaignie.

Item, le xviie jour de may l'an mil trois cent quatrevingt et trois, l'evesque de Norwich, acompaignié de grant foison de gens d'armes anglois et d'archiers, et environ six vingt nefs arrivèrent à Calais pour entrer ou païs de Flandres et conforter les Flamens ennemis du Roy qui là estoient, et disoit-on qu'ilz estoient bien huit mille combatans, et tantost entrèrent ou païs de Flandres. Et le lundi xxve jour dudit mois de may se combatirent les diz Anglois devant Dunckarque contre aucuns Flamens qui se tenoient de la partie du Roy de France, et furent les diz Flamens desconfiz. Et puis alèrent les diz Anglois mettre le siége devant la ville d'Ippre, et, pour celle cause, le Roy parti de Paris pour aler encontre les diz Anglois, si comme cy-après sera dit.

Item, le lundi vi[e] jour de juillet l'an mil trois cent quatrevingt et trois dessus dit, messire Pierre de Courtenay, chevalier anglois, vint à Paris pour combatre à Mess. Guy de la Tremoille, chambellan du Roy et du duc de Bourgoigne, lequel Anglois avoit aati le dit Mess. Guy de bataille, de volunté, sans nulle cause ou occasion.

Item, le mercredi ensuivant viiie jour du dit mois, vint le dit chevalier anglois au palais devers le Roy lui faire la révérence, et lui requist que, comme il eust requis le dit Mess. Guy de bataille et le dit Mess. Guy lui eust octroyé, il pleust au Roy de leur ordener place où la dite bataille se feroit, laquelle place fut dicte au dit chevalier en laquelle estoient jà les lisses faites, c'est assavoir en la cousture Saint Martin de Paris.

Item, le vendredi ensuivant, x[e] jour du dit mois de juillet, l'an mil trois cent quatrevingt et trois dessus dit, Mess. Pierre de Giac, lors chancellier du duc de Berry, fut fait chancellier de France.

Item, le mardi ensuivant xive jour du dit mois de juillet, l'Anglois premierement, comme requérant, et le dit Mess. Guy de la Tremoille après, entrèrent ès dictes lisses, et y estoit le Roy présent sur un eschauffaut, et après ce que on ot veu et après ce que on ot advisé leurs glaives, sans ce qu'ilz feissent aucuns sermens, et que le connestable de France ot dti : *laissiez les aler!* se partirent chacun de sa place et vindrent l'un contre l'autre pour faire leurs devoirs. Mais le Roy qui ne voult pas souffrir que, sans occasion ou querelle aucune, les diz chevaliers se combatissent, prist la besoigne en sa main, et ainsi ne se combatirent point.

Item, le dimanche deuxieme jour d'aoust l'an mil trois cent quatrevingt et trois dessus dit, le Roy parti de Paris et ala à Saint Denis quérir l'oriflambe, et de là en Flandres, pour combatre les Anglois qui là estoient venuz et estoient à siege devant Yppre : et ala droit à Arras, et de là vers Therouenne; et le derrenier jour du dit mois d'aoust se ala logier le Roy à Creseques, près de Therouenne, sur une riviere appellée le Lis. Et l'endemain, premier jour de septembre, cuidoit le Roy veoir son ost ensemble, mais, tant pour la bruyne qui fut grande au matin comme pour les fumées qui furent si grandes au deslogier que on ne véoit goute, car chacun boutoit le feu en son logeis, et pour la grant multitude du charroy qui y estoit, ne se pot faire. Et, pour ce, ne vit le dit jour fors les gens de la bataille du duc de Bourgoigne, lesquelx furent touz ensemble sur une montaigne, près de Therouenne, touz en bataille, et estoient de six à sept[1] mille hommes d'armes, et estimoit-on bien que en l'ost avoit bien vingt mille, que chevaliers que escuiers, aux gaiges et soudées du Roy, et ainsi le disoient le connestable et les mareschaux, sans le duc de Bretaigne et ses gens.

Item, ce dit premier jour de septembre fut le premier logis en ordenance, et furent en l'avangarde le dit duc de Bretaigne, le conte de Flandres, les mareschaux de France et de Bourgoigne, et avoit en la dite avantgarde, si comme on disoit, six mille lances, et

1. Var. *ouit*.

se loga le dit jour, oultre le Lis, à une lieue pres de Cassel.

Item, après, estoit la bataille du Roi, où estoient les ducs de Berry, de Bourgoigne, de Bourbon, de Lorraine et de Bar et pluseurs autres grans seigneurs, et disoit-on qu'ilz etoient bien dix mille lances et plus, et furent logiez celle journée à Blandellec[1], à deux lieues de Cassel ou environ.

Item, en l'arrièregarde, avoit plusieurs grans seigneurs, contes et autres, et le remenant des gens d'armes qui estoient en l'ost du Roy. Et celle nuit les Anglois qui estoient à Cassel s'en alèrent et boutèrent le feu. L'andemain, jour de mercredi, deuxième jour de septembre, le Roy s'ala logier à une lieue près de Cassel, et estoit l'ost presque tout ensemble, et passa cellui jour le Neuffossé, et demoura au logis le mercredi et le jeudi ensuivant.

Item, le vendredi ive jour du dit mois, le roy ala logier à Ravemberg et fut son corps logié en un hostel emprès la ville et son ost environ.

Item, ce jour, fut assailli par les gens Mess. Guill. le Bastart[2], le Bailly de Victry[3], et d'aucuns autres

1. Var. *Blamdelke.*

2. Guillaume, bâtard de Poitiers, fils naturel de Guillaume de Poitiers, de la maison des comtes de Valentinois, moine de Cluny (il devint depuis évêque de Langres), et d'une personne libre nommée Marguerite. Il fut légitimé par Charles V en 1358 et 1373. En 1360 il fut envoyé à Harfleur pour la garde du navire (de la flotte). — Compte de J. Lemercier (Gaignières). — C'étoit un des plus vaillant chevaliers de son temps. L'existence de son fils Guichart, dont la mort est racontée ici, n'a pas été connue du P. Anselme.

3. Philippe de Cervoles, cher bailli de Vitry, il étoit gendre de Guillaume, bâtard de Poitiers. (V. le P. Anselme, t. II, p. 192.) J'ignore s'il étoit parent du fameux Arnaud de Cervoles dit l'*archiprêtre* (archiprêtre de Velines). Il pouvoit être son fils. (*Ibid.*, p. 343.)

de l'avantgarde un moustier fort que tenoient les Anglois que on appelloit Nurlons[1], et fut gaeingnié, et tous ceulx qui estoient dedans ou mors ou pris.

Item, cellui jour fut assaillie une autre forteresse que tenoient les Anglois, auquel assault ala Mess. Guichart de Poitiers, fils du dit Mess. Guill. le Bastart, la teste désarmée, et fut tué par un Flament qui lui donna d'une hache par la teste, et quant Mess. Thomas Crovet[2], Anglois, le seeut, il envoya pardevers le dit Mess. Guillaume le Bastart, et lui manda qu'il envoyast audevant de son fils lequel ledit messire Thomas lui envoioit en un chariot, et le fist conduire par gens d'armes jusques aux gens du Roy, et fut ledit Mess. Guichart enterré à Saint Omer.

Item, cellui jour, fut assaillie par les gens du roy, une belle[3] petite forteresse appelée Druisghehan[4], et l'endemain, jour de samedi, se rendirent ceulx qui estoient en la dite forteresse par traictié.

Item, le lundi ensuivant, se parti le Roy du dit logis de Ravembergue[5], et s'en ala, et tout son ost, devant une ville appelée Berghes, bonne ville et grosse, et fut asségiée de plus des trois pars de la ville de si près que les Anglois povoient traire jusques aux gens du Roy et les gens du Roy jusques à eulx, et avoit en ladite ville cent lances et quatre cens archiers Anglois et mille Flamens de Gand, et au logier du Roy firent iceulx moult grant semblant d'eulz deslogier et rendre, et y ot grant escarmouche et des bléciez d'une part et d'autre.

1. Var. *Merlens.*
2. Var. *Travet.* Le vrai nom est Tryvet (carte II, 151, 2, 3.)
3. Var. *veille* (vieille?). — 4. Var. Daighehen. — 5. Var. Raicembergue.

Item, celle nuit du dit lundi, Mess. Jehan de Vienne, admiral de France [1] qui celle nuit faisoit le guet, entra en la dite ville de Berghes bien tart, et trouva que les Anglois et ceulx qui estoient en la dite ville s'enfuioient. Et lors fut commencié à crier : *Nostre Dame ! Vienne à l'Admiral !* et y ot grant foison de mors de Gantois et de ceulx de la ville, et pris de gros prisonniers, et fut toute pillée et arse la dite ville excepté une abbaie appelée Saint Winot [2].

Item, le lundi et le mardi ensuiant, le Roy demoura devant la dite ville de Berghes, et furent admenez pardevant lui pluseurs des prisonniers qui avoient esté pris en icelle ville, et entre les autres un prestre qui lui afferma que en la dite ville avoit tant de gens comme dessus est dit.

Item, le mercredi ensuivant, le Roy se parti du dit logis de devant Berghes et ala logier à Dunkerque, et l'avantgarde ala logier à lieue et demie de Bourbour, en une ville appellée Meldite, et demourèrent le roy et la dite avantgarde ès diz logis le mercredi et le jeudi ensuivant, pour ce que le charroy n'estoit pas encore venuz.

Item, le vendredy ensuivant, se parti le roy du logis et ala logier en avant où estoit logée l'avantgarde, et l'avantgarde se ala loger à une lieue près de Bourbourc. Et le samedi ensuivant, en un matin, se alla logier ledit avantgarde devant Bourbourc, et le roy se desloga et se mist sur les champs et toute sa bataille et l'arrièregarde, et laissèrent passer tout le charroy et l'artillerie, et puis s'envint le Roy, à tout les dites ba-

1. Var. *la mer.* — 2. Aujourd'hui Saint-Winoc.

tailles, devant Bourbourc, et avant que le Roy y venist, l'on y tray pluseurs fois de canons, et un arbalestrier qui estoit au connestable tray du feu en la dite ville, tant que plus des deux pars en fut arse le dit jour.

Item, le Roy vint bien tart, vers le vespre, et tantost qu'il fut venu, commença l'en à assaillir fort, sans arroy, et ou dit assault y ot blécié pluseurs des gens du Roy, car les Anglois se deffendirent très fort, et dura l'assault jusques à la nuit et fist le Roy pluseurs chevaliers celle journée.

Ce jour leva banière Mess. Guy de la Tremoille seigneur de Sully. Les banières du seigneur de Moreul et du seigneur de la Rivière furent les premières oultre le fossé, si comme on disoit, et à cest assault furent pluseurs bons chevaliers des gens du roy mors, et plusieurs bleciez et navrez.

Item, tantost après, fut commencié un traictié entre le duc de Bretaigne pour le Roy, d'une part, et les Anglois qui estoient à Bourbour, d'autre part, par lequel traictié les Anglois partirent du dit lieu, et s'en alèrent les uns à Gravelingues où il avoit de leurs compaignons, et les autres à Calais, et le Roy et son ost se traïrent vers Gravelingues, et se refist un nouvel traictié avec les Anglois qui là estoient, par le quel traictié, moyennant certaine somme de flourins que l'en leur bailla, ilz laissèrent la dite ville de Gravelingues et s'en retournèrent en Angleterre.

Item, le jeudi xxvie jour du mois de novembre l'an mil trois cent quatrevingt et troiz dessus dit, le seigneur de Sempy, cappitaine pour le roy en la frontière de Picardie, acompaignié de grant foison de gens d'armes et arbalestriers, entra en la dite ville de Gravelingues pour l'enforcier, et s'y tint, lui et les gens qui estoient aveques lui, jusques à tant qu'elle fut fortiffiée, et par ce fut empeschié le chemin aux Anglois d'aler de Calais et des marches de environ en Flandres.

Item, en ce temps furent les traictés mis sus du Roy de France et du Roy d'Angleterre et fut[1]
le duc de Berry et le duc de Bourgoigne iroient pour le Roy ingne[2] et le duc de Lencastre devoit venir pour le roy d'Angleterre....
et pour icelle cause le dit duc de Berry entra à Bouloigne le dimanche.... jour de décembre ensuivant, et furent pluseurs traictiez faiz et demenez par le moyen du dit duc de Bretaigne : et finablement se partirent sans aucune chose faire, fors tant qu'ilz pristrent une autre journée, pour là retourner, à la quelle devoit estre le dit duc de Bourgoigne aveques le dit duc de Berry son frère.

Item, le penultième jour de janvier l'an mil trois cent quatrevingt et troiz dessus dit, trespassa Mess. Loys, conte de Flandres, d'Arthois, de Bourgoigne, de Nevers et de Rethel, et fut enterré à Lille le dernier jour de février l'an dessus dit, et sa femme aveques lui, en l'église saint Pierre, et fut fait l'obsèque moult solennelment par la manière qui s'ensuit.

Premièrement, le duc de Bourgoigne, qui avoit espousé la fille du conte et son héritière seule et pour

1. Là s'arrête le mss Coislin. — Le mss de la bibliothèque impériale Saint-Victor 48, le seul qui donne cette fin, est ici très-endommagé (*délibéré que?*).

2. Suppléez *Bouloingne*? Suivant le religieux de Saint-Denis, c'étoit à Lelinguehan, que j'ai vu écrit ailleurs Lolinguehem.

le tout, ala au devant jusques à l'abaie d'Alos, à une lieue de Lille, où les diz corps estoient, et les fist admener en deux chars couvers de noir, à une croix vermeille en chacun char où ilz estoient, à grant compaignie de gens touz armez et leurs lances après eulx avec leurs bacinez, et où y avoit grant foison de vestus de noir de l'ostel du dit duc de Bourgoigne, sans les gens et officiers du dit feu conte. Et, quant ilz furent arrivez à la porte de Lille, les diz corps furent deschargiez des diz chars et furent chargiez sur deux autres petiz et bas charios sur lesquelx ilz furent assés hault troussez sur tresteaux qui y furent ordenez, pour les mener plus seurement jusques en la dite eglise de Saint Pierre, par le long de la chaussée de la dite ville qui est moult mauvaise, estrillant et périlleuse : et ne les eust-on peu bonnement porter à gens, considéré le mauvais pavement, et que leurs corps, ainsi qu'ilz estoient, pesoient chacun de quatre à cinq cens livres.

Et lors descendi le dit duc de Bourgoigne et toutes ses gens, à pié, et aussi cinq ou six dames et damoiselles vestues de noir qui estoient emprès le corps de la dite contesse, et furent menez les diz corps, sur les diz petiz charioz, au long de la dite ville, depuis la porte jusques à la dite église de Saint Pierre par la manière qui ensuit, c'est assavoir qu'il y avoit devant les diz corps XVI destriers ou autres chevaux touz sellez de haultes[1], et sur les huit premiers estoient huit chevaliers qui portoient huit banières des armes de Flandres, dont il y avoit quatre de bateure[2] pour le

1. Suppléez *selles?* — 2. D'étoffes riches.

tournay et quatre pour la guerre. Et sur les autres huit chevaulx avoit huit autres chevaliers qui portoient escus des dites armes de Flandres, aveques les espées dont les (quatre) estoient semblablement pour le tournay et les autres quatre pour la guerre.

Et après iceulx chevaulx, entre eulx et les diz chárioz, avoit seulement un religieux qui portoit devant les diz corps une petite croix de bois painte et basse, sans hault baston. Et quant ilz furent en la dite eglise de Saint Pierre furent faites incontinent, ce jour mesmes, les vegilles moult solennelles, et l'andemain, c'est assavoir le dit lundi, derrenier jour de fevrier, la messe à moult grant luminaire par l'ordenance qui s'ensuit.

Premierement, s'ensuivent les seigneurs qui offrirent les escuz de la guerre. Le dit duc de Bourgoigne offrit le premier escu, et furent au dit escu attachées treize chandelles, et fut porté lescu du seigneur de Royneval et du seigneur de Gruthuse, le quel escu les diz deux seigneurs receurent de Lamequin de la Cousture et de Jehan de Pontalier, escuiers.

Et, aveques ce, offri icellui duc de Bourgoigne treize frans et au retour de la dite offrande s'agenoilla une espasse de temps devant le corps du dit conte.

1384.

Dimenche, vingtneuvieme jour de may l'an 1418, au bien matin, entrèrent a Paris messeigneurs de Bar, seigneur de Chasteluz, monseigneur de Lille-Adam et autres plusieurs, de par monseigneur de Bourgoingne, à grant compaignie de gens d'armes et orent toute obéissance en la ville, et si fut pris et emprisonné le conte d'Armignac, pour lors connestable de France, messire Henry de Marle chancellier et plusieurs autres conseillers et officiers du Roy nostre sire; mesmement gens que l'en disoit avoir empeschié la paix et iceulx qui s'estoient entremis de finances et exactions et qui trop avoient favorisé le dit connestable.

Et assez tost, icelle mesme sepmaine, yssirent du chastel ou bastide Saint Anthoine, qui pas encores n'estoit rendu ne venu en l'obéissance des Bourguignons, plusieurs gens d'armes pour dommager eux et la ville, mais ilz furent forment reboutez, et en y ot plusieurs de mors et occiz près de la dite bastide et en la grant rue Saint Anthoine.

Item, dimenche douzieme jour de juing, au vespre, environ huit heures, ot à Paris moult grant armée et assemblée de gens de la ville et des gens d'armes qui estoient dedans, de par le Roy et monseigneur de Bourgoingne, lesquielz, tous en bon amour et union, vindrent en grant nombre et multitude par ceste rue Saincte Geneviefve, tant à cheval comme à pié, en grant effroy, à la porte de Bordelles, pour ce que l'en disoit que près d'ileuc avoit gens d'armes adversaires, dont il n'estoit rien. Si s'en retournèrent en criant par plusieurs rues : *Au palays et sur ces prisonniers armignaz; si aurons paix!* et alèrent au petit Chastellet, au Palays, en Chastellet, au Temple, et à tous les autres lieux de Paris où il avoit prisons lesquelles celle nuit et l'endemain ilz rompirent et y entrèrent par force, et tous les prisonniers qu'ilz y trouvèrent occidrent et mirent à mort, tant evesques, chevaliers, escuiers, religieux, bourgois, marchans, prestres, clercs comme autres, jusques au nombre de[1] (*sic*) ou environ, si comme la commune renommée en estoit. Entre les quelz furent occiz le conte d'Armignac, paravant connestable de France, messire Henry de Marle chancellier et Raymonnet de la Guerre.

Item, le mercredi ensuivant, quinzième jour du dit mois de juing, fut crié publiquement de par le Roy et Monseig^r de Bourgoingne que tous banniz estoient rappellez et restituez à leurs biens meubles et heritaiges.

Item, le lundi, jour saint Jaques et saint Christofle, vingt-cinquieme de juillet ensuivant, fut le parlement, qui longuement avoit vacqué, mis sus, et quatre présidens ordenez tous nouviaulx, et plusieurs de messeigneurs de la court muez: mon office baillé à maistre Jehan de la Poireuse, et le greffier premier que tenoit maistre Clement de Fauquembergue à maistre Oudart Clepier[2].

1. L'auteur du *Journal d'un bourgeois de Paris* dit qu'on compta 1518 victimes.

2. Quoique cette note ajoutée aux chroniques de Saint-Denis dans le manuscrit de Saint-Victor, n'ait aucun rapport à l'époque dont elles contiennent l'histoire, j'ai cru devoir la donner à cause de l'intérêt qu'elle présente.

FIN DE LA PARTIE INÉDITE DES CHRONIQUES DE SAINT-DENIS.

RÉCIT

DE LA

CAMPAGNE DE FLANDRES

D'APRÈS LE MANUSCRIT DE LA BIBLIOTHÈQUE IMPÉRIALE

(SAINT-GERMAIN, 1536 [1].)

Le conte envoïa devers monseigneur de Bourgongne pour secours avoir. Philippe d'Ardevelle oui dire que le conte avoit secours par les seigneurs de Franche. Si se conssillèrent Flamens que on manderoit au Roi et as seigneurs que point ne venissent en Flandres, et que il avoient l'aide au Roi d'Engleterre, et que, s'il les grevoit en riens, il venroit en Franche à tout son effort. Lors se conssillèrent Franchois et s'assamblèrent les seigneurs : et meismes le duc de Bourgongne, à qui la chose touquoit, pria au Roi et au consseil que le Roi, qui moult estoit jones que point n'avoit xiiii ans, vausist aler en Flandres et fust chief de la besongne, pour che que se le duc de Bourgongne y fust alé sans la compagnie du Roi, il n'eust mie eu, sans comparaison, tant de gens d'armes qu'il eut. Li Rois pour le temps estoit à Compiengne et fist-on un mandement de gens d'armes et se fist l'assamblée à Arras, à l'entrée d'iver, ung pau devant la S. Martin.

Ainssi que le Roi faisoit assambler ses hommes, les grans bourgois de Gant s'assamblèrent en leur halle, et là y eult ung bourgois qui leur consilla qu'il obéissent au conte, et là leur monstra comment Phlippe de Valois, Roi de Franche, fu jadis sur le mont de Cassel et comment il desconfit les Flamens qui avoient bouté hors leur seigneur, et là remist le Roi le conte en sa conté : si nous avisons sur che. Et tant qu'il furent d'acort demander Phlippe d'Ardevelle qui estoit au siége devant Ordenarde. Phlippe vint à Gant, et se rassamblèrent les bourgois et là parlèrent tant que Phlippe les fist estre d'acort de guerrier le Roi et le conte, et là eut le bourgois de Gant, qui avoit parlé paravant, la tête coppée, et se revint Philippe au siège devant Odenarde, et furent toult li bani de Flandres rapellé.

Après, se parti le Roi de Compiengne et s'en vint à Pérone et à Aras où son os estoit, et aveuc le Roi estoit le duc de Berri, le duc de Bourgongne, le duc de Bourbon, et le comte de Dammartin, messire Olivier de Clichon, connestable de Franche, et Mouton de Blainville marissal de Franche; et tant qu'il y eult III. dux, XXII. contes, sans les aultres seigneurs. Le sire de Sempi qui estoit chapitaine de chaulx de Picardie garda tousdis le pas par devers Boullenois, affin que Flamens ne peussent venir par là, de si à che que le Roi se parti d'Aras. Il se parti de Boulnois et s'en vint à Lille aveuc l'ost; le Roi se parti d'Aras et s'en ala à Lens disner et passa o pont à Wedin et se loga pour le nuit à Seclin, et le conte Loïs estoit en son chastel à Lille. Droit à Lille vint un escuier qui vint dire au conte que chaulx de Gant avoient envoié grant foison de gens d'armes o pont, à Commines, pour garder le passage. Adonc le conte y envoia Hervi d'Antoing, son marissal, et le seigneur de Brugedant et Guillaume le bastart de Poitiers et pluiseurs gens d'armes : et s'en alèrent à Commines et là trouvèrent Flamens qui gardoient le pont, et là y eult moult grant assault, et gardoient Flamens moult bien le pont. Quant le Hasse de Flandres et Guillaume le bastart de Flandres[1], et bien VI^{xx} hommes alèrent passer l'iaue as molins, as petis bastiaux qui trouvèrent là, et alèrent assalir Flamens par derrière, et là furent Flamens desconfis et mors. Quant Flamens furent desconfis, aulcuns en escapèrent et s'en alèrent à Ypre qui estoit assès près.

Quant chaux d'Ippre seurent que le pont estoit gaignié, il s'assamblèrent tantost, et tant qu'il furent VIII^{m}. ou environ, et s'en vinrent à Commines et là trouvèrent Hervi d'Antoing et le Hasse de Flandres mal ordenés; les pluiseurs dormoient et les aultres villoient : tantost on cria alarme; les gens au conte s'en vont au pont, l'un armé, l'autre non, et là eult grant assault, et tant se combatirent que Flamens gaignèrent le pont. Et là moru LVI hommes de non, et Hervi d'Antoing et le Hasse et pluiseurs aultres s'en revindrent au conte conter leur aventure. Adonc fut le conte moult courchiés des vaillans hommes qu'il perdi. Le conte sceut que le Roi estoit à Seclin, il vint contre lui

1. Faute, pour *Poitiers?* Je ne vois pas de Guillaume Batard de Flandres à cette époque.

et pluiseurs bourgois de Lille, et s'en alla le Roi à Lille. Il fu crié à Lille, de par le Roi, que nul n'arrestast à Lille et que toult homme passast oultre. Là passa le connestable de Franche, le marissal de Franche, le marissal de Bourgongne, et li sires de Sempi, et Jehan Grobelle (chieux estoit pour le jour maistre des canons). Et s'en alèrent o pont à Commines, et là trouvèrent Flamens qui gardoient le pont, et les assalirent, et là y eult très grant assault et mervilleus de canons et de trait; et à chel assault crioient les Flamens : *Sainct-Jorge*, et Franchois : *Montjoie Sainct-Denis*. Moult dura li assaulx, et moult se fist à cremir. Olivier Clichon, connestable de Franche, fist venir v. petis bastiaux et les carian au dessoubz du pont, et là les jetan en iaue du Lis, et ne pooit[1] en chascun bastel que IIII. hommes et passèrent oultre chaux que je dirai, voire une partie. Tout le premié fut Guillaume Quartier et le seigneur de Pontarlier : ch'estoit le marissal de Bourgongne : ychieux y porta la première banière qu'on y avisa; monseigneur le connestable, le sire de Sempi, le sire de Renti, et le sire de Brimeu, et pluiseurs aultres que je ne scai nommer, et en chel passage il noia trois gantilhomes, de quoi che fu pités, car l'ieaue est grande et hideuse. Quant il furent oultre, grant foison, il alèrent à Commines et assalirent les Flamens qui gardoient le pont et les desconfirent, et chiaux de la ville s'enfuirent à Ippre. Chelle nuit fut le pont conquestés, et chelle propre nuit fut refais jusques à l'endemain au disner.

Quant chaux d'Ippre sceurent que le pont estoit con-

1. Suppléez *tenir*.

questés, ils mandèrent leur chapitaine qu'on nommoit Pierre Dubos et se partirent par nuit pour venir o pont. Li sires de Sempi s'estoit alés logier en un grant pré bien loing de la ville. Il lui fu mandé qu'il fust chelle nuit sur sa garde, et qu'on avoit veu grant plenté de Flamens issir de la ville d'Ippre. Lui et ses gens furent toute la nuit armé pour che qu'il oïrent de nuit grant noise, et on lui disoit vérité, car il y avoit xxv^{c}. Flamens, et venoient à grant effort pour le pont bien garder. En laquelle bataille il avoit une tripière, qui portoit leur banière, et estoit ossi que toute esragié et femme de malvaise vie, et l'apeloit-on Marie Trisse; elle crioit et bréoit. Li sires de Sempi fist espier chelle gent, mais le grant ost s'estoit partis en deux, et en ala une partie parmi les haies, et s'en alèrent à Commines, et ardirent la ville et le pont que Franchois avoient refais; et l'autre partie s'en venoit le grant quemin, et là estoit Pierre Dubos leur chapitaine et Marie Trisse qui portoit leur banière; et faisoit bel et cler et luisant, et luisoit la lune. Li sires de Sempi et ses gens se mirent en ung enclos : il se mirent à consel de demander à tous les seigneurs et à tous les varlès se il voloient atendre le fais de la bataille, et quil ne le voloit atendre s'il s'en alast. Et lors s'en alèrent IIII varlès qui avoient plus quier à estre aveuc le grant ost. Quant li sires de Sempi eult che fait, il issirent ung peu hors, affin que Flamens les veissent et si firent-il; et lors issirent et frapèrent ensamble, et là y eult grande bataille et mervilleuse de si peu de Franchois, contre si peu de Flamens[1], et fut par nuit à la lune, et là fu Marie

1. P. d'Orgemont donne cependant à entendre que les Flamands étoient beaucoup plus nombreux que les gens de Sempy. (*Voy.* p. 14).

Trisse tuée et furent Flamens desconfis. Et là fu li sires de Sempi, li sires de Rambures, li sires de Brimeu et II. fils jumiaux qu'il avoit, et li sires d'Auxi, et li sires de Fesses, li sires de Croï, et Morelet de Hardentin, li sires de Wargnies, le Galois de Renti et ses IIII. frères, les enffans du Faiel et pluiseurs autres, et pluiseurs escuiers. Et là eult noble journée, et y furent chevalliers les II. fils li sires de Brimeu et pluiseurs aultres, jusques à la somme de XVII. chevalliers.

Quant le Roi oui dire que Flamens avoient ainssi esté desconfis de la route au seigneur de Sempi, il, qui estoit jones, vault vir chaux, l'un après l'autre, qui avoient esté à la besongne. Li sires de Sempi assembla toute sa gent et les fist-on aler devant le Roi et les seigneurs, et là aquirent grant honneur. Le pont à Commines fut refais, et passa l'ost.

Les Flamens qui escapèrent du sire de Sempi s'en alerent au siége à Ordenardre aveuques Philippe d'Ardebelle. Daniel de Hallin[1] qui gardoit le chastel d'Odenarde fist requerre par un hérault au sire de Herselles trois caups de lanche et fist demander sauf alant et sauf venant. Le jouste lui fu accordée, et joustèrent, et tant que Daniel de Haluin mist en tel point le sires de Herselles qu'il ne se sçavoit soustenir et jousta ses trois lanches et s'en r'ala en son chastel.

De Conmines se parti le Roi et les barons et s'en alèrent à Mesines et de là à Pauperingue où il avoit moult de richesses et par espécial de draps, car on véoit bien aporter par fardiaux, par chevaulx et à

1. Halluin.

cars, à Lille, à Tournai et à Bétune. Li amiraux de Franche envoia devers Conmines Jehan de Nant, le sire de Sainte Croix, Guerat de Bouberch, le seigneur de Tinteville et trouvèrent deseure mesmes v^c^. Flamens et les assallirent et les desconfirent et moult peu durèrent, et cheulx qui en escapèrent s'enfuirent à Ippre et dirent as bourgois que le Roi aprochoit la ville. Il avoit aveuc monseigneur l'amiral, un escuier qu'on nommoit Guillaume le Roux ; ichieux fit moult grant oultrecuiderie, car lui, toult seul, s'en ala en la ville d'Ippre et fist ouvrir la baille et là parlementa à chiaux qui gardoient la porte, et tant fist à eulx qui s'assamblèrent et se consillèrent ensamble et tant qu'il rendirent les clés, au non du Roi à Guillaume le Roux, et les aporta au Roi, et les présenta au Roi et amena aveuc lui Jacques Dubos leur capitaine. Et adonc envoia le Roi à Ippre Jehant de Nant et y fist porter pluiseurs de ses banières.

En chel tamps que le Roi estoit en Flandres, estoient devant Cassel grant foison de Flamens, et là estoit la Ducesse de Bar, laquelle les fist combatre et furent desconfis, et les chapitaines prins et présenté au Roi, et les fist le Roi coper les testes.

Et dirai de Philippe d'Ardebelle qui se desloga du siége d'Odenarde pour venir contre Franchois, et laissa au siége devant Ordenarde un Flamenc que on nommoit Simon Quatremons. Quant Philippe d'Ardebelle se parti, bien avoit LX^m^ Flaments, sans XXVI^c^ Flamens de la ville de Bruges que ung Flamens nommé Pierre de Wimistre li amena de par chaulx de Bruges. Quant l'ost des Flamens s'en venoit devers Rosebeque, il se metoient le plus en ung mont qu'il pooient, et ossi il aloient le jour le mains qu'il pooient, affin que les Franchois ne les vésissent, et disoient ensamble que se les Franchois les véoient à toult leur pulle que il s'en fussent fui, et etoit le cri des Flamens *Saint Jorge*, et avoient ung Saint Jorge qui estoit monté sur ung cheval; et là n'avoit mestier en Flandres qui là n'eust sa banière.

Tant cheminèrent Flamens qu'à deux lieux de Rosebeque se logèrent en une vallée assés près de Mont d'or, et se mirent Flamens si en ung mont qu'il ne sembloit mie qu'il fussent xvi^m^. Le Roi et les seigneurs firent espier les Flamens par moult de fois et tant que par ung jeudi se mirent Flamens à banière levée pour venir assallir les Franchois, et Franchois se mirent en conroi. Ainchois que Flamens se fussent parti du val, il firent ung parlement en une grange, et là, entre les Flamens, vint une souris entre leurs piés et le cuidèrent prendre et tant tempêta entre leurs piés qu'elle escapa. Et là avoit ung chevalier que on nommoit le sire de Herselles, lequel y prinst moult de malvaises segnefianches et là dit qu'il ne se combateroit jà contre Franchois, et de là se parti.

Or furent Franchois et Flamens si aprochié que pour combatre, et ychel jour fu au rain du Roi[1] li sires de Raineval, Enguerant d'Eudin, le Besgue de Vilainges[2], et li sires de Pommiers, et fu par le jeudi, que la bataille assambla; Pierre de Villés porta l'oriflambe de Franche, et tant se combatirent que Flamens furent desconfit. Et là morut à l'assambler le sire de Wavrin et ung sien escuier par follement assallir Fla-

1. A côté du Roi. — 2. Villaines.

mens, et là fu ochis Charles d'Ardebelle, et fu enseignié par un Flamenc qui depuis eust le teste coppée pour che qu'il ne vault mie renier Gantois. Et là moru par droit conte XXVI^{m}. et V^{c}. Flamens, sans chaulx qui furent tués en eux fuiant, dont moult en y eult en celle nuit, et demoura le Roi sur les camps et firent les gens d'armes pour la nuit leurs logis des picques as Flamens dont mout en y avoit.

Gantois s'en vont fuiant vers Ordenarde, où Philippe d'Ardebelle avoit laissié Flamens pour le siége tenir, mais quant il furent là venu et que chaux du siége sceurent qu'ils estoient desconfi, il se partirent. Ainssi qu'il s'en aloient, Daniel de Halin se frapa en aux à tous les soudoiers du chastel et en tua grant foison, et perdirent tentes et harnois. Che fu entre l'an mil CCC IIII^{xx} et trois entre le Toussaint et Noel. Et là monstra nostre seigneur belle miracle, car je croi que entre le Toussaint et le Noel ne fist ossi belle tamps; et qui adonc eult volut croire Engueran d'Eudin, on fust alé jusques à la ville de Gant.

Or s'en ala le Hasse de Flandres à Courtrai et le mist à la subjection du Roi, et puis y ala le Roi, et là fut VII jours, et là vint la ville de Bruges et aportèrent les clés de la ville et promirent à rechevoir et à obéir o conte Loïs. Et là vint la ville de Gant à obéissanche du Roi et vaulrent tenir du Roi et non d'aultrui, mais le Roi les refusa. Quant le Roi se deult partir de Courtrai, il fist partoult bouter le feu et fu la ville toute arse pour ce que, au tamps que i passa, Flamens ochirent grant quantité du noble sanc de Franche devant la ville et en prinrent les esprons dorés dont la somme estoit grande et les misrent en une trésorie, et les monstroient de an en an, au jour que la bataille se fist.

Le Roi se parti de Flandres, et s'en vint à Tournai et là y fut au Noel, et là fut moult honnerés, et de là se parti et s'en vint à Compiengne, et là séjourna ung peu et depuis il lui fut loé qu'il alast à Paris et il y fu noblement recheus. Mais le Roi et ses conssaux estoit courchiés pour che qu'il y avoit eu malés[1] portés de quoi on avoit brisié les wis de Chastelet et débrisiés les prisons du vesque dont Huc Aubriet qui estoit pruvost de Paris n'en fust jamais issus s'il n'eussent che fait.

1. *Maillets.*

FIN DU RÉCIT DE LA CAMPAGNE DE FLANDRES.

JOÛTES

DE

SAINT-INGLEBERT

1389–1390

POËME CONTEMPORAIN.

A PARIS

—

1863

JOUTES

DE

SAINT-INGLEBERT

1389-1390

POËME CONTEMPORAIN.

De lès Ardre, en une prarie,
Dedens le mois d'avril x jours,
L'an mil ccc, je vous affie,
iii^{xx} et x, pluiseurs pastours
Trouvai en grant esbatement
Danssans et chantans noblement,
Et mainte gente pastourelle.
Là me demanda la plus belle :
Venès vous de veoir l'ordonanche
Des joustes? piechà ne fu telle
Jouste faite de fer de lanche!

Je respondi : naie, m'amie,
Mais je vous prie par amours
Dittes ent, par vo courtoisie
Le vrai. Qu'en disent li plisours?

Dont me dist : créés vraiement
L'onnour en ont Franchoise gent.
Jusques à chi, piechà, si cruelle
Entreprinse, ne si mortelle
Ne fu, je n'ai point ramembranche,
Que onques fut, puis que fut puchelle,
Jouste faite de fer de lanche.

Lors une bergière jolie
Dist à son ami : sans rebours,
De m'amour ne gorés[1] vous mie,
Quant pour mi n'est fais ungz estours.
De vous amer je m'en repent
Quant atendés si longuement
D'aler jouster en haulte selle
A chelle jouste solempnelle :
On y peult estre sans doubtanche,
Pour l'amour de une jovenchelle,
Jouste faite de fer de lanche.

Che pastour à qui ne pleust mie
Respondi : ch'est ungs prileurs[2] tours
De là jouster, par saint Hellie !
Hersoir disoit Andriu li Sours
C'onque ne vit tel hardement
Que des jostes, car hier présent
Fu en le plache, et dame Anchelle,
Se femme, me dist le nouvelle
C'onques u roïame de Franche

1. Jouirez. — 2. Périlleux.

Ne fu plus fière, dame crés[1] le,
Jouste faite de fer de lanche.

Pour quoi, m'amie, je vous prie,
Que de telle jouste le cours,
Affin que j'alonge ma vie,
Je quites, car, certes, pauours
De morir jouster me deffent.
Du noble Roi où Franche apent,
Se ses iii parfont leur querelle,
Toute s'amour perpétuelle
Doivent avoir, sans varianche,
Quant ont, contre Englès, si belle
Jouste faite de fer de lanche.

On parla anchiennement
Et fait encore moult souvent
Du hardement et de l'emprinse
De pluiseurs qui très vaillamment
Ont régné, mais, au temps présent,
Peult-on bien de la vaillandise
Parler, sur laquelle j'ai prinse
Ma matère, car le devise
Fait à recommander forment.
Piechà ne fu telle à fin mise
En nul lieu, ne si fort requise,
Ne qui durast si longuement,
Comme chelle dont je veul parler.

Saint Iglebert a uï nommer

1. Croyez.

Le lieu ouquel trois chevaliers
De Franche, qu'on doit moult loer
Et qui font à recommander,
Ont esté xxx jours entiers
Pour atendre tous estrangiers
Qui, contre eulx, sus courans destriers,
Ont là volu venir jouster
V. fers de lanche tous entiers;
Pour chascun homme voulentiers
Les ont eu sans refuser;
Et se sont, par grant courtoisie,
Pluiseurs seigneurs de grant lignie
D'Engleterre droit là venu
Esperans, je vous chertifie,
De la nostre chevallerie
Incontinent avoir vaincu,
Mais bien ont esté rechéu
Au fer de lanche et à l'escu
Si radement, ne doubtés mie,
Par radement[1] et par vertu,
Que le vrai en ont bien scéu
Les plus puissans de leur parti

Et bien en la plache apparoit
Quelle amistié il y avoit,
Car ii escus et[2] une espine
Pendoient: l'un segnefioit
Le fer de lanche, et si estoit
Pour les rochés d'amoureux signe
L'autre escu. Mès, se on adevinne,

1. Hardement? — 2. à?

Hons qui là ſu en che termine
N'oseroit recorder par droit[1]
Touquié fust à l'escu disime[2]
Dont je parle chi en me rime
Que pour les rochés là estoit[3],
Mais les Englès, crés sans doubtanche,
Ont tous jousté de fer de lanche,
Tant que chevaux porent courir.
Là faisoit bel veir l'ordenanche
Des nobles chevalliers de Franche;
Pluiseurs y prendoient plaisir,
Quant venoit as lanches assir.
On peult bien clerement veir,
Qui en lui avoit congnissanche,
Lequelle partie au départir
Avoit mieulx fait à son désir
Et le mieulx monstré sa vaillanche.

Regnault de Roie, se sachiés,
Fu en la plache moult prisiés,
Les xxx jours de toute gent.
Bouchicaut y ſu essauchiés
Et de pluiseurs auctorisiés,
Car il jousta moult noblement.

1. Suppléez *que*, c'est-à-dire que personne ne toucha à l'écu qui représentoit la joute courtoise ou au rochet.

2. Deuxième?

3. Boucicaut fit crier en plusieurs royaumes que lui et ses compagnons jouteroient cinq coups de fer de *glaive* ou de *rochet* à ceux qui seroient ennemis du royaume, et à un chacun autre qui fût ami du royaume seroit délivré *cinq coups de rochet*. Et plus loin : *S'il vouloit jouster de guerre, devoit férir en l'escu de guerre, et s'il vouloit de* rochet, *ferir en l'escu de paix*. (Faits du maréchal de Boucicaut.) Glaive et rochet sont

Et SEMPI le fist grandement :
Maint Englès bati durement.
Chascun des iii fu resongniés[1]
Des Englès. Qui le jugement
Les iii veult rendre justement,
Garde qui soit bien conssilliés :
Che sont les trois dont parlé ay,
Pour lesquelz che dit commenchai,
Car chascun a bien deservi
Que on die de li, toult pour vrai,
Plus grant bien que dire ne sçay.

Onques telle vaillanche ne vi.
Maint jour fu là, lors me parti
Sain du corps, le cœur esjoï ;
A Boulongne je m'en alai
Des joutes fi che dit droit chi[2] ;
A dire voir, n'ai point falli,
Oncques bourdes n'i ajoustai.
Ores pleust à Dieu, noble Rois,
Que, en che lieu, ii jours ou trois,
Eussiés esté lès vos amis
Qui tous sont sages et courtois,
Et les ensiévés eus tous trois
Jouster contre vos annemis !

deux différents fers de lance. Le glaive me semble avoir dû être un fer pointu pouvant pénétrer dans les jointures de l'armure et blesser ; le rochet, au contraire, que j'aurois cru fait comme le roc d'échiquier en blason, c'est-à-dire comme une fleur de lis dont on auroit enlevé le fleuron du milieu, est représenté dans les planches XI et XX des d'Orléans de M. Champollion. C'étoit une sorte de petit trident destiné à empêcher la lance de glisser, mais incapable de pénétrer l'armure.

1. Craint. — 2. Je fis ce dit, ce poëme-ci, vrai.

Bien diriés que les fleurs de lis
Y aroient honneur et pris
Par les iii seigneurs. Ch'est bien drois,
Que leurs bienfais soient méris,
Et chascun d'eux mout conjoïs
En tous lieux et en tous endrois.
Tous chaulx qui parler en oront,
Je suis seurs, se repentiront
Que en chelle plache n'ont esté.
Pluiseurs dames en parleront,
Quant le vray oy en aront,
Et leur en seront très bon gré
De che qu'il ont si bien jousté
Sans estre bléchié ne navré,
Et pluiseurs méhaigné en ont.
Grant honneur y ont conquesté !
Loés soit Dieux de majesté
Quant si très bien issu en sont !
Or peut-on faire par raison,
Maint biau dit et mainte canchon
Des trois seigneurs dessus nommés,
Quant, de l'emprinse de renon,
Sont, à leur conclusion,
Venu, ainsi que vous oés ;
Cremu seront et redoutés.
Par toult en seront honnourés,
Et il y a noble ocoison.
Les Englès les ont molt loés
Pour che que bien se sont portés,
Sans orgeul ne présumpcion.

Après les joustes, par ma foy,

Faisoit bel à veir le conroi
De nostre gent en l'abeïe[1]
Et comment mes seigneurs, tous trois,
Se metoient en noble arroi
Pour festier la bachelerie,
Leur donnoient, à chiere lie,
A souper; noble compaignie
Y ot assés par pluiseurs fois,
Soulas estoit, par mélodie,
De veoir la feste jolie,
Et eust esté le court du Roy.

Chevalliers et escuïers pluiseurs
Y avoit, faisans les honneurs :
La feste en estoit bien parée ;
Jehan Piquet, Hostri de Bours
Maistre d'ostel, les xxx jours,
Furent de la feste loée ;
Grant honneur y ont conquestée.

Or vous diray, s'il vous agrée,
Les noms des Englès qui les cours
Ont fait à le feste doutée.
Deux héraux de grant renommée
Le mes ont nommés par amours;
Je n'a point mis les noms en rime
Par consonans, en le minime
On ne porroit la rime faire,
Sur[2] brief langage, (*sans?*) mout desplere,
Souvent leurs noms qui sont si fors

1. De Saint-Iglebert. — 2. Pour *en*.

Pour à rime baillier acort,
Car on ne les peult acorder.
Sur brief si les veul recorder
Selonc mon sens, sans varier,
Comme Bourbon et Bleu-levrier [1]
Le mes ont à nommer aprin :
Et vous dirai, soiés tous fins,
L'entretenement des journées
Es quelles les joustes doubtée
Se sont faites, de jour en jour,
Par bardement et par vigour.

Le jour du dimenche reprus [2]
Furent à l'espine pendus
Les deux escus dont parlé ay,
xx jours en mai [3], il est toult vrai,
iiii^{xx} et ix [4] aveuc mille ans
Et iii cens, serés souvenans,
De l'incarnaction qu'ai dit.
Chi fault le rime de mon dit,
Jusques à tant que parlé arai
Des joustes, plus que parlé n'ai.

Le lundi xxie jour de mars l'an dessus dit, joustèrent :

Mgr J^{n} de Hollande, c^{te} de Hantiton [5], frère au roi d'Engleterre.	Mgr le comte Marissal d'Engleterre [6].

1. Ce sont les hérauts *de grant renommée* dont il a parlé ci-dessus.
2. Dimanche *repus* ou *reprus*, celui de la Passion.
3. Faute, c'est *mars*. Pâques tombant, en 1390, le 3 avril, le dimanche de la Passion étoit bien le 20 mars.
4. 1390, nouveau style. — 5. Huntingdon.
6. Thomas Mowbray, comte Maréchal et de Nothingham. Il étoit capitaine de Calais en 1390, 1391, 1392 et 1395, et aussi du château

Mgr de Biaumont[1].
Mgr de Cliffort[2].
Mgr Pierre de Courtenay[3].
Mgr Jehan Goulaffre[4].
Mgr Jehan Roussel.
Mgr Thomas Salbinbreune[5].

Le mardi[6] enssievant joustèrent :

Michidan.
Mgr Nicole Clifton[7].
Mgr Guillaume Héron[8].
Jehan Lancastre[9].

de Merke. Il fut, en 1395, un des ambassadeurs de Richard II qui traitèrent de son mariage avec Isabelle de France.

1. Grand personnage très-employé dans la guerre et les négociations. Il fut capitaine de Cherbourg en 1389, et un des ambassadeurs pour le mariage de Richard II avec Isabelle de France. Il est nommé le premier des chevaliers anglois qui demandèrent le sauf-conduit pour Boucicaut, etc.

2. C'est sans doute Thomas de Clifford, nommé le deuxième des chevaliers anglois qui obtinrent le sauf-conduit pour les trois chevaliers françois. Il obtint, le 25 juin 1386 ou 87, une permission du roi pour passer en France, *ad certa facta armorum facienda*, contre un sire Dursigaude qui est certainement Boucicaut. (Ce duel est raconté chap. XIV, première partie des *Faits*.)

3. Pierre de Courtenay, issu de l'ancienne maison de Courtenay, avant que l'héritière de la branche de cette maison restée en France eût porté la terre et le nom à un fils de Louis le Gros. C'est lui qui avoit provoqué Guy de la Trémouille à un combat singulier (voy. p. 38). Je vois dans Carte qu'il obtint du roi d'Angleterre, en novembre 1383, la permission de faire sortir d'Angleterre des filets, des chevaux et autres choses qu'il avoit données à certains seigneurs françois, en reconnoissance des grands honneurs que le roi de France lui avoit faits à raison de son duel avec la Trémouille. Il fut capitaine de Calais en 1399 et aussi en 1400.

4. Froissart dit *Goulouffre*. Je ne sais pourquoi M. Buchon a pensé que ce nom devoit être écrit Walworth. Jean Golafre ou Golloffre est un chevalier anglois qui joua un certain rôle à cette époque. Il étoit un des capitaines de Brest en 1378, capitaine de Cherbourg en 1391, garde des îles Jersey et Guernesey en 1393.

5. C'est sans doute Thomas Swinburne, chevalier de la chambre du roi d'Angleterre, très-connu et très-employé à cette époque. Il étoit, en octobre 1390, capitaine de Guynes, de Calais en 1395, en remplacement du comte maréchal allant en Irlande, maire de Bordeaux en 1405. Il fut aussi employé dans plusieurs négociations avec la France et la Castille.

6. 22 mars 1389 (90). — 7. Nicolas Clifton, capitaine de Ham en 1385.

8. Guillaume Héron, seigneur de Say, employé dans plusieurs négociations en 1400 et 1402, entre autres pour obtenir le reste du payement de la rançon du roi Jean.

9. Jean Lancastre, écuyer garde du château de Merke, près Calais, le

Guillaume Scadron.
Verlarquet.
Nicolas Sacton.
Thomas Havestreton[1].
Thomas Quari.
Mgr Thomas Toiblebot, chapitaine de Guines[2].
Mgr Thomas Climeron.

Le merqredi[3] enssievant joustèrent :

Jehan Sauvage.
Mgr Bruiant Stupeleon[4].
Guillame Maqueri.
Jehan Marque dit d'Itisse.
Mgr Jehan de Rondelle[5].
Nicolas Lonc.
Jehan l'Escot.
Rogier Lonc.
Mgr Jehan d'Erbrecicourt[6].
Mgr Here Hansse[7].
Janequin le Maressal.
Richart de Bore[8].
Jehan Craquenfert.

Le jeudi[9] enssievant joustèrent :

Mgr Hervi de Duras[10].
Hervi Goulaffre.
Jehan de Mellant.
Mgr Jehan de Hucheberi.
Jehan Moleton[11].
Robert Steri.
Jehan Hulle[12].

10 octobre 1391. En 1406, Tanneguy du Chastel étoit son prisonnier (Carte, II, 191.)

1. Thomas Haweton?

2. C'est certainement Thomas Talbot, nommé capitaine de Guines le 1er mars 1387.

3. 23 mars.

4. Brian de Stapulton. Il étoit capitaine de Guines en 1380. Il alla en Portugal en 1381, et fut chargé de diverses négociations. Carte cite plusieurs gentilshommes françois qui étoient ses prisonniers en 1416.

5. Sans doute Jean d'Arondel, capitaine du château de Merke en 1404.

6. Froissart, qui cite souvent ce nom, l'écrit d'Aubercicourt. Le nom anglois, s'il appartient à cette langue, est *Dabridgecourt*. Il fut capitaine de Calais en 1399, et chargé de négociations avec le duc de Bretagne et le roi en 1413 et en 1414. Il étoit mort en 1418.

7. C'étoit un bohémien de la chambre de la reine d'Angleterre, dit Froissart, qui s'armoit d'argent à trois pieds de griffons noirs onglés d'azur.

8. Peut-être Richard Burgh, à qui le roi d'Angleterre donna, en 1420, les terres de Robert d'Anet dans les bailliages d'Évreux et d'Alençon.

9. 24 mars. — 10. Ne figure pas dans la généalogie de la maison de Duras.

11. Moleton. Je vois Jean Molton, écuyer, qui, partant pour la Picardie, obtint du roi d'Angleterre des lettres de protection, le 1er mars 1402-3.

12. Jean Hulle, écuyer mentionné dans Carte en 1399, 1402 et 1416.

Le lundi[1] enssievant joustèrent :

Mgr Jehan de Holande[2].	Mgr André Haque.
Et le comte Marissal.	Mgr Hue de Louterel[4].
Nicolas Richelaï[3].	Carmeliench.
Richart Beton.	Vandequinhalle.

Le mardi[5] enssievant :

Guillame Cresseli.	Jehan Cafort.
Richart Sesacre.	Guillame Horseble[7].
George d'Aledon.	Thomas Brugot.
Richart Eton[6].	Jehan Godisture.
Rogier Brale.	

Le merqredi[8] enssievant :

Jehan Treberton.	Hue Dracten[10].
Henri Sadol.	Tomelin Alberet.
Xpofle[9] Langueton.	Thomelin Trelbin.

Le lundi viie[11] jour d'apvril enssievant l'an mil ccc iiii^{xx} et x joustèrent :

Mgr Maque Ravenette Mgr Bertelego.	le Haie.	Mgr Jehan Fissorin[12]. Robert Ferbi[13].

1. 28 mars 1389-90. — 2. Le comte d'Huntingdon.
3. Russeley, ou, s'il étoit Italien, Ruccellaï.
4. Hugues Luterell, conservateur des trêves, et maire de Bordeaux en 1403; en 1418, lieutenant de Harfleur, qu'il s'efforçoit, en 1419 et 1420, de repeupler (d'Anglois, bien entendu).
5. 29 mars.
6. Peut-être Richard Elton, nommé en 1410 capitaine d'une expédition contre les brigands (sic).
7. Guillaume Horseley? Cité comme allant d'Angleterre en Aquitaine en 1400.
8. 30 mars. — 9. Christophe.
10. Drayton ? Je ne vois pas de Hue ou Hugues Drayton.
11. Pâques étant, cette année 1390, le 3 avril, ce lundi ne pouvoit être le 7, mais bien le 4 ou le 11. C'est plus probablement le 11.
12. Peut-être Jean Fitzwarin, qui obtint des lettres de protection au moment de partir outre-mer, en 1378.
13. Feriby?

Jehan Heraut.
Thomelin Chaut.
Thomelin Herdebi.
Jehan Nores[1].
Jehan Picorde[2].

Le samedi[3] enssievant :

Mgr Hervi de Persi.
Jehan de Coutenay.
Robert Bridelai.
Elai Harclai.
Thomelin Nosenton.
Jehan Hareton.

Le merqredi[4] enssievant :

Mgr le conte d'Erby[5].
Mgr Jehan de Biaufort[6].
Bastart de Lanclastre.
Mgr Thomas Subincorde.
Mgr Robert de Ferrières.

Le jeudi[7] enssievant :

Mgr Richard Daledeberi[8].
Mgr Pierre Loqueton[9].
Jehan de Castiavaine.
Thomelin Hosioen (ou Hosiden).
Mgr Gautier Boluter.
Richart Doncastre.
Simon Escuïer.
Mgr Guill. Moenten.
Raulin Stamelle[10].
Jehan de Ternistelbastre.
Guillame Hinquebuge.

Le samedi[11] enssievant :

Thomelin Bredon[12].
Montenai[13].

1. Peut-être Jean Norreys, écuyer vivant en 1419. Jacques de Vincennes étoit son prisonnier.

2. Pickworth? — 3. Le 16 avril 1390? — 4. Le 20.

5. Depuis roi d'Angleterre sous le nom de Henri V, après le meurtre de Richard II.

6. Peut-être Jean de Beaufort, marquis de Dorset, lieutenant du roi d'Angleterre en Guienne, en 1398 et 99, et amiral des flottes d'Occident et du Nord en 1397.

7. Le 21.

8. Peut-être Dalderby, mais je ne vois pas de Richard Dalderby.

9. Lockton.

10. Peut-être Raoul Staveley, qui obtint des lettres de protection le 16 mai 1415.

11. Le 23. — 12. Peut-être Thomas de Burton.

13. Peut-être Guillaume de Montenay, capitaine de Caen en 1417.

Thomcli de Coti.
Jehan de Cusat[1].
Jehan Dalingrinche[2].

Le dimenche enssievant[3] :

Mgr Jehan Alecton, capne de Niort.
Robin Rocheferte[4].
Mgr Richart Sabian.
Thomelin Lon[5].
Richart de Ronsuges.
Jehan Wisy.

Somme, pour ent sçavoir vérité,
C et v qui tout ont jousté.
Mais point ne veul metre en oubli
Que le noble conte d'Erbi[6]
Eult contre chascun de nos gens
Chinc lanches, à veu de mon sens.

Ne parlerai point des asises,
Il en appartient les devises
As nobles gens qui là estoient
Et à héraux que on véoit.
De Renault de Roie, ch'est cler,
Puis-je hardiment parler
Qui Blanquetin Hale[7] le bras
Percha : (à jouster n'est point gas[8])

1. Jean Cusak, écuyer, partant pour les pays d'outre-mer, obtint, en avril 1397, des lettres de protection.

2. Jean Dalyngrygg fut un de ceux qui, en 1402, accompagnèrent en Allemagne Blanche, fille du roi d'Angleterre, allant épouser le roi des Romains.

3. Le 24.

4. Peut-être Robert Rochefort, chevalier, qui obtint, en 1414, des lettres de protection avant de partir pour outre-mer.

5. Je vois Thomas Lond, qui obtint des lettres de protection en 1399, avant de partir pour Calais.

6. Depuis Henri V, roi d'Angleterre.

7. Peut-être celui que Froissart appelle Blaquet (Blake).

8. Dissimulé.

Et à Christofle Lancheton[1]
Bouta, à jouster de randon,
Son fer par dedens le visage,
Par devant trestout le bernage.
Pluiseurs aultres biaux caux[2] assez
Y assist, dont vous orés
Le vérité dire plus à plain,
Car point ne sçai le chertain.
Mais Bousicaut, toult en ung mont,
Porta le seigneur de Biaumont,
Et son cheval jetta à terre :
Chi ne corrunt point ma matière.
Ung aultre jour, de caup de lanche,
Porta jus sire Here Hansse
Et sire Here Hansse ly :
Ensi fut le ju départi.
Et Sempi, le bon chevallier,
Fist en pluiseurs cas à prisier,
Car le conte englés Marissal
Porta à tere et son cheval.
Et en la desraine sepmaine
Il porta jùs le capitaine
De Niort qu'on nomme par son nom
Monseigneur Robert Electon
De très bel cop, sans nes un blasme,
Si comme le voix et le fame
Des gens d'honneur en li couroit.
Pour dire raison et pour droit
Franchois y ont eu grant honneur.

1. Je vois beaucoup de Langton cités dans Carte, mais pas un seul ayant le prénom de Christophe.
2. Coups.

Encore sachiés, mi seigneur,
Que telz VIII englès ont hurté
A l'escu, qui point n'ont jousté
Par leur défaute. Ch'est raisons
Que chascun oie les nons :
Robert Gousel[1] est appellés
Che premier de malexcusés;
Jehan de Haie[2], Jehan Stres[3]
Thomas Chele, à ung brief mot,
Thomelin Ansetonne[4] ossi,
De jouster à droit là falli.
Rogier Langueferforte, pour voir,
Y a fait tres mal son devoir.
Regnault Bradesedebise[5]
N'a point empli son emprinse :
Robert Seninlarde n'est rien.

Juges furent, je vous di bien,
De cheste feste noble et grande
Le conte de Norhonbelande[6] pour Englès,
Et, pour les Franchois,
Ung chevallier noble et courtois

1. Je pense que c'est Gowsel. Je vois bien citer un Robert Gowsel de Kirketon, mais c'est en 1442; ce pouvoit être le fils de celui-ci.

2. Il y a plusieurs Jean de la Haye vivants à cette époque.

3. Peut-être Jean de Stretche, chevalier, cité comme allant outre-mer en 1370, et en 1377 comme partant avec le comte de Salisbury.

4. Je vois Thomas Haweton, qui reçut, en 1418, la terre de Campagny en Normandie.

5. Bracebrigge. Mais je ne vois à ces époques que Jean, Guillaume et Raoul, et non Regnault Bracebrigge.

6. Henri de Percy, comte de Northomberland. Il étoit, en 1389, capitaine de Merke près Calais.

Lanselot le Personne[1] a à non :
Ore vechi le conclusion
Que vous dirai pour toult comprendre :
Je vi les II escus despendre.
Chelui de geure[2] despendi
Le chevallier que je vous di
Qui Lanselot est appellés,
Et ung aultre moult renommés
Qui est sires de Saint-Saulieu[3],
Despendi adonc de son lieu
L'escu pour les rochés séans.
Hostri de Bours[4] fu emportans
Le lanche. Che fu grant biautés
De veoir les solempnités.
Là vi le trompete du Roi :
Et si vi, en très noble arroi,
Le trompete du noble conte
De saint Pol. Je ne sçai le conte
Des nobles menestreux juans.
Et là fu fais li poursievans
De Monseigneur Jehan de Roie
Héraux, à solempnelle joie,
Des IIII[5] chevalliers fu nommés
Saint Iglebert, et sermentés

1. Peut-être *Jean* de la Personne, V[t] d'Acy, qui auroit été surnommé *Lancelot*, comme *Mathieu* de Roye *Tristan*, et je crois aussi *Robert* d'Esneval, *Perceval*.

2. Guerre.

3. Je vois bien à cette époque un Jean et un Charles de St Sauflieu mais l'épithète de *moult renommé* convient mieux à André de Rambures capitaine de Boulogne et de Gravelines, qui plaidoit (peut-être à cause de S. Saulieu) contre J[n] de S. Saulieu, parent de sa femme.

4. Voir ci-dessus, p. 68.

5. Faute pour trois.

En avant du roy des Franchois.
Dont chi me terai, car ch'est drois
Que de sant Inglebert chi fine
Le dit, la matère et la rime

Amen. Expixit.

FIN.

PARIS. — IMPRIMERIE DE CH. LAHURE
Rue de Fleurus, 9

www.ingramcontent.com/pod-product-compliance
Lightning Source LLC
LaVergne TN
LVHW020422230826
846091LV00004B/1370

9782013626965